AF406552

Invasion *versus* Développement Durable
-   Le collapsus français -

Cours ex-cathedra/Recension

par

Roger Démosthène CASANOVA

professeur des universités (er)

Maire honoraire

"Gilet jaune"

CIP a Camerei Naționale a Cărții

Casanova, Roger Démosthène

Invasion *versus* Développement Durable : Le collapsus français / Cours ex-cathedra / Recension par Roger Démosthène Casanova. – Chişinău : Generis Publishing (Online Marketing Group), 2020 (Print on demand). – 76 p.

ISBN: 978-9975-3318-0-7

316.42+32(44)

C28

Image de couverture: www.pixabay.com

Editeur: Generis Publishing
Addresse: MD-2068, Chisinau, Miron Costin 17/2, Of. 519

Commandes en ligne: www.generis-publishing.com
Commandes par email: info@generis-publishing.com

Ouvrages politiques du même auteur

- Putsch en Côte d'Ivoire, une guerre coloniale de Nicolas Sarkozy. Editions de L'Harmattan, 2011
- Développement durable et mariage des homosexuels. RDC éditeur, 2013
- La Patrie en danger, éditions Mélibée, 2013
- Environnement, développement durable et responsabilités publiques, éditions universitaires européennes, 2015
- Sonner le tocsin, éditions Mélibée, 2016
- Le petit livre jaune RDC éditeur, 2019
- Une tragédie française, l'émotionnel *versus* le réel. RDC éditeur, 2020

INTRODUCTION

« Notre système politique pue la mort »

Notre système politique prévu initialement pour un homme de la stature de de Gaulle, a été bricolé (26 modifications de la constitution depuis 1958). Il est aujourd'hui le seul système politique de ce type en Europe et permet toutes les dérives autoritaires et autocratiques. Ce système permet à tous les débiles organisés d'accéder au pouvoir et de brader le pays.

Feuille de route :

- (i) « tout ce que vous ferez sera dérisoire mais il est indispensable que vous le fassiez. » Gandhi.
- (ii) « le monde est dangereux à vivre, non pas tant à cause de ceux qui font le mal mais à cause de ceux qui regardent et laissent faire. » Einstein.
- (iii) « si tu crains de te tromper, tu fermes la porte à la vérité » Tagore Rabindranath

Le concept de développement durable (ONU, 1987) avait pour vocation la recherche du bonheur collectif et du « vivre ensemble ». Mais dans un monde instable, en guerre, où les migrations de masse se généralisent et introduisent des déséquilibres démographiques donc ethnologiques et culturels, la question de la pertinence actuelle du concept se pose. C'est l'objet de cet essai… Sans haine et sans crainte.

Remerciements : Les illustrations (photos, dessins, graphiques…) de ce cours sont pour la plupart tirées d'internet. Je prie les auteurs des illustrations de bien vouloir m'excuser car je n'ai pas mentionné leur origine, ne l'ayant pas trouvée la plupart du temps lors de mes recherches. Ceci étant, si un ou des auteurs se manifestaient je leur demanderai l'autorisation idoine ou supprimerai l'illustration éventuellement litigieuse. En attendant je remercie vivement ces auteurs de ces illustrations pour leur leur coup d'œil.

Première partie

Développement durable, le contexte

1 – Le développement durable

Une nouvelle conception de l'intérêt général

(« Notre futur commun ». ONU 1987) même si l'avenir n'est connu de personne (sauf de philosophes visionnaires et inventifs comme Harari: *« homo deus »*) il ne peut y avoir de développement durable sans un minimum d'effort d'anticipation. Pour avoir créé en 1992 la pemière formation universitaire supérieure sur le sujet (master 2, Université de Nice-Sophia Antipolis) j'ai quelques éléments d'analyse à présenter sur la vaine recherche du bonheur collectif et du vivre ensemble.

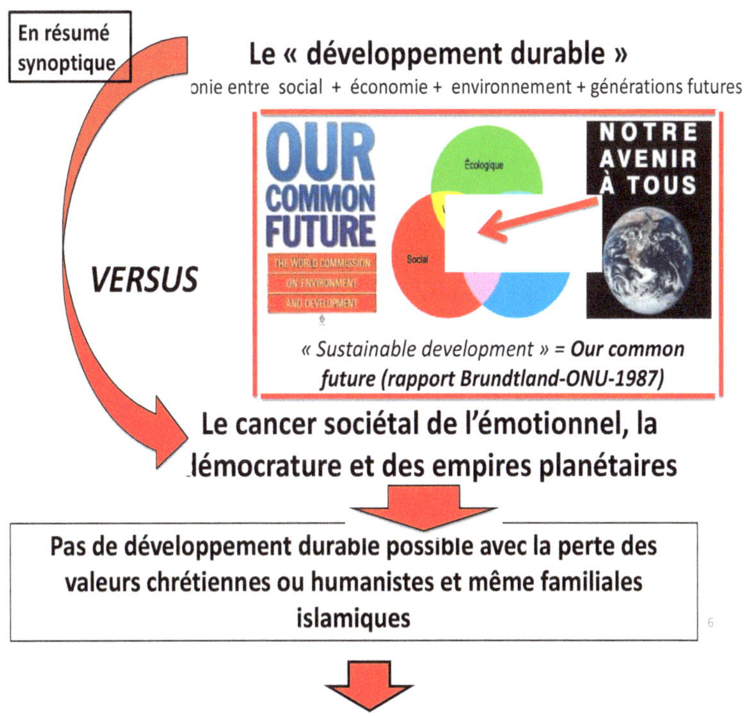

9

La perte des valeurs élémentaires et du « bon sens »

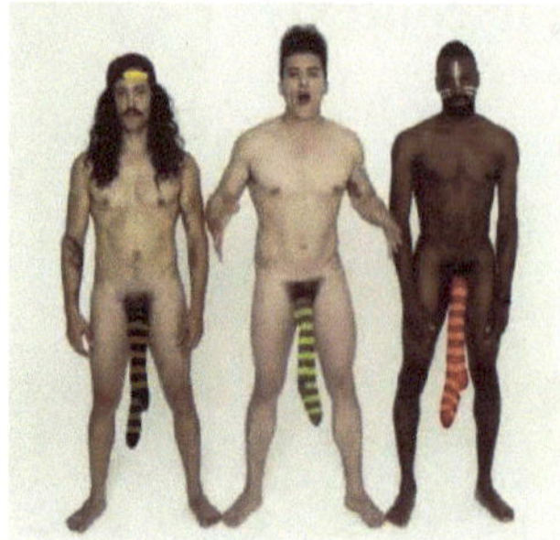

Représentants de la France à l'Eurovision !
La classe !!! La pudeur quesako ?
Et qu'est-ce que cette tenue a à voir
avec la chanson ? Quel message portent-ils ?

La cellule initiale de la société estn lafamille,puis la tribu.
Or désormais on assiste à la perte des instincts de base, comme la parternité ou la maternité.
Les femes se font fair des enfa a ants par n'importe qui et les hommes abandonnent leur progéniture...
 Quand il ne deviennent pas PDs (homos, gays...).

La pertinence du développement durable et du vivre ensemble se pose dans le contexte actuel de la perte des valeurs morales occidentale (fondées sur le christianisme, puis sur les « lumières ») et de l'affrontement des civilisations (en fait d'une religion allogène) lié aux migrations de masse.

L'impossible métissage culturel.
Le métissage est l'avenir de l'humanité disent les bobos. Quelle incongruité anti-naturelle, anti-réalités !

La civilisation musulmane condamne les homos à mort. Officiellement ils sont 7 pays (Mauritanie, Nigeria, Soudan, Somalie, Arabie saoudite, Iran, Yémen).

Le cheikh islamiste Abdullah Al-Faisal : « *Lorsque la charia s'installe dans un pays, vous devez tuer tous les homosexuels.* » Il préconise aussi : *« la manière d'avancer n'est pas le bulletin de vote, mais la balle de fusil ».*

157

En sciences et techniques on a l'habitude de traiter ce que l'on appelle **« les cas aux limites »**. En matière sociétale, le cas aux limites du mariage des homosexuels est la disparition de la société et du développement durable.

Samuel Huntington : *« Les Occidentaux doivent admettre que leur civilisation est unique mais pas universelle ». « La sauvegarde des États-Unis et de l'Occident doit passer par le renouveau de l'identité occidentale »*

Pourquoi la si belle idée du développzment durable et du vivre ensemble est actuellement impossible à mettre en œuvre.

Le développement durable a été une belle idée de l'ONU, il nous faut voir pourquoi elle ne peut se réaliser en espérant pouvoir lever les obstacles qui s'y opposent.

NB. On ne pourra trouver de solution que si les problèmes sont identifiés et bien connus.

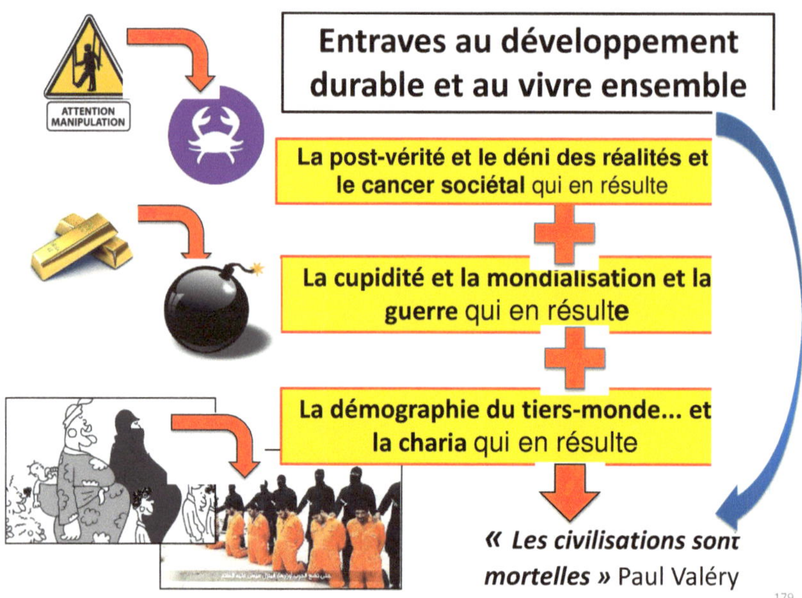

Pour cela il faut d'emblée adopter un paradigme : voir ce que l'on voit (Cgarles Péguy, 1910)

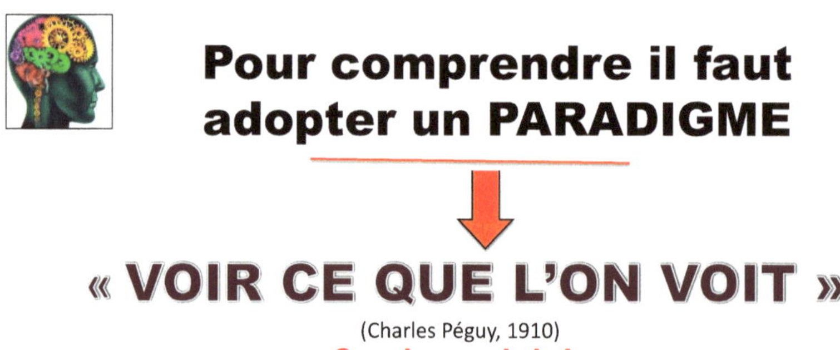

Nous pouvons maintenant entrer dans le vif du sujet et aborder les différents aspects du développement durable..

L'environnement, en bref.

La Terre est une masse vivante ronde (6371km de rayon) qui n'a cessé de se transformer depuis sa genèse initiale (reliefs, masses océaniques, climat, faune et flore, inversion des pôles (!)…).

La chaine alimentaire n'est pas une vue de l'esprit. Le sommet de la chaine alimentaire est occupé par des carnassiers prédateurs et par l'homme. Il y a les chassés et les chasseurs.

Une compétition existe entre espèces et un équilibre s'est établi au cours de l'évolution. Certaines espèces sont indigènes et « historiques » et d'autres sont invasives et nuisibles (écureuil gris, le rat, caulerpe…).

Chaque fois que l'homme s'est mêlé, volontairement ou involontairement, de cet équilibre il en est résulté des perturbations importantes du milieu ou des catastrophes : lapins en Australie, rats, lapins et chats aux Kerguelen, sangliers et loups en France, caulerpe en Méditerranée… et maintenant **la question doit se poser aussi pour les migration humaines invasives.**

En sachant qu'au cours des temps géologiques les espèces sont apparues et ont disparu (dinosaures, mamouths, dodo…). L'environnement n'est pas naturellement figé.

L'objectivité scientifique c'est l'établissement critique des faits, car « les faits sont sacrés ». Ils sont (c'est le réel).

Le social, en bref

L'organisation sociale ou sociétale résulte de l'hhistoire, de la tribu originelle à la nation. Les règles qui lesrégissent ont été forgées au cours des temps mais le constat est que les religuons ont joié un rôle essentiel dans la structuration des groupes humains. Les 40 000 églises de France en témoignent, mais pas seulement :

- ◆ Pour **André Malraux,** 3 juin 1956 *: « La nature d'une civilisation, c'est ce qui s'agrège autour d'une religion. »*
- ◆ Pour **Gandhi :** *« La vie sans religion est une vie sans principe et une vie sans principe c'est comme un bateau sans gouvernail. »*
- ◆ **Pour le Coran** (parole de Dieu, dite incréée non modifiable) la vie spirituelle et la vie civile sont indissociables. Le coran est donc à la fois une « bible » et un « code civil.» et « la religion » d'État **de 57 pays.**
- ◆ **Aux USA**, le président de la République, lors de sa prise de pouvoir, jure sur la bible.
- ◆ **Au Japon** c'est le shintoïsme.
- ◆ **Au Tibet**, la ville de Larung Gar est entièrement dédiée aux moines bouddhistes
- ◆ **Pour la France actuelle**, la religion d'État est la laïcité.

Conséquence pour le Vivre ensemble ! Avec qui ?
Avec quel Dieu ? Avec quelles mœurs ? Où ?

Pour le SOCIAI, il faudrait « **vivre ensemble** » dans un monde apaisé et harmonisé...> Le bonheur ! mais c'est **UNE UTOPIE**

VIVRE ENSEMBLE ! OUI. Avec qui ? Avec quel Dieu ? Avec quelles mœurs ? Où ?
- **Les musulmans avec les athées et les animistes ?**
- **Les musulmans avec les bouddhistes ?**
- **Les chiites avec les sunnites ?**
- **Les catholiques avec les agnostiques, les athées et les « libres penseurs » ?**
- **Les Ouigours avec les Chinois ? Les Rohingyas avec les Birmans ? Les Palestiniens avec les Israéliens ? Les blancs avec les noirs en Afrique du sud ?**

L'utopie est une représentation d'une réalité idéale et sans défaut, qui se traduit, dans les écrits, par un régime politique idéal, une société parfaite ou encore une communauté d'individus vivant heureux et en harmonie. Aristote, Platon, Rabelais, Thomas More (1516)...

Régis Debray : « *le frotti-frotta civilisationnel donne de l'eczéma.* »

Un développement durable impossible

40

NB. Pour se protéger de l'invasion de son territoire par les Bangladais musulmans, dont elle n'arrivait pas à contenir les flux migratoires, l'Inde a dû construire une clôture de 4200 km surveillée par 50 000 soldats.

Sagesse indienne ?

Des questions :

> VIVRE ENSEMBLE ! Avec qui ? Avec quel Dieu ? Où ? Musulmans et bouddhistes ?
> VIVRE ENSEMBLE en France ! Avec qui ?
> Avec quel Dieu ? Les musulmans avec les athées ? Avec les catholiques ?
> Avec les « libres penseurs »

L'économique, en bref

Il faudrait un monde juste ou chacun pourrait vivre de son travail.
Quelle économie donc ?

Le dséveloçppement durable et le vivre ensemble ne sont pas possibles dans un monde inégaltaire à l'extrême où règne le culte du veau d'or, dans un monde instable aux prises avec l'impérialisme, le mondialisme financier etet la recherche de toujours plus de profit?

Dans l'Union européenne : directive Bolkestein et concurrence déloyale dans une Europe ouverte à tous les vents + CETA...

Dans le monde : productions aux moindres coûts salariaux : travail des « esclaves » modernes et des enfants en concurrence avec l'employé occidental. Aucune harmonisation sociale. Le règne absolu du profit.

Inégalités sociales en constante aggravation. Les riches toujours plus riches et les pauvres toujours plus pauvres.

La guerre planétaire pour les matières premières et les hydrocarbures.

L'économie est dominée par la cupidité, la guerre et l'instabilité du monde.
Le constat de l'existance d'un empire mondialiste financier tout puissant obkige à la conclusion de l'impossibilité d'un dévloppzement durable, l'empire financier exigeant toujours plus de profits audéttriment du niveau de vie des peuples.

NB. Actuellement, deux banques d'échelle planétaire ont la puissance des États, mais ne rendent des comptes à personne : Goldman Sachs (USA) et HSBC (Britannique et chinoise). L'assureur Blackrock a un capital de 7 000 milliards de dollars et s'apprête assurer les millions de Français par suite de la « réforme » des retraites de Macron, président français (lui-même ex-banquier).
Elles structurent l'empire financier mondial et mondialiste.

NB. HSBC banque anglo-chinoise.60 millions de clients 2 000 milliards d'encours (plus que le budget de la France)!

En France, le début de la fin c'est en 1973.
Avec une loi scélérate.
http://www.atlantico.fr/decryptage/loi-1973-prets-etats-banques-privees-interdiction-banques-centrales-argent-taux-zero-jeanluc-schaffhauser-269187.html

Mais pourquoi avait-on voté en 1973 cette loi imposant à l'État de passer par les banques privées ou les marchés pour financer sa dette ? Si ce n'est pour asservir l'État à la finance internationale. Encore une félonie de l'Assemblée nationale confondue avec le pouvoir exécutif.

Par cette loi, il devenait interdit au Trésor français de s'adresser directement à la banque centrale… 40 ans qui ont permis à l'industrie de la finance de prendre le contrôle du monde réel.

Nous sommes passés, d'une société où, malgré toutes les imperfections humaines et sociales, l'économie travaillait pour l'homme, à une société où l'homme travaille pour l'économie et l'économie pour la finance.

On ne peut que redire que dans ces conditions le développement humain durable n'est pas possble.

Une des conséquences de cette recherche du profit sans limite est la guerre que la finance fait à ses opposants. Un président des États unis (Eisenhower) a d'ailleurs mis en garde le monde en 1961, le 17 janvier : «« *Cette conjonction entre un immense establishment militaire et une importante industrie privée de l'armement est une nouveauté dans l'histoire américaine. (...)* **Nous ne pouvons ni ignorer, ni omettre de comprendre la gravité des conséquences d'un tel développement.** *(...) nous devons nous prémunir contre l'influence illégitime que le complexe militaro-industriel tente d'acquérir, ouvertement ou de manière cachée. La possibilité existe, et elle persistera, que cette influence connaisse un accroissement injustifié, dans des proportions désastreuses et échappant au contrôle des citoyens. Nous ne devons jamais permettre au poids de cette conjonction d'intérêts de mettre en danger nos libertés ou nos méthodes démocratiques. Rien, en vérité, n'est définitivement garanti. Seuls des citoyens alertes et informés peuvent prendre conscience de la toile d'influence tissée par la gigantesque machinerie militaro-industrielle et la confronter avec nos méthodes et objectifs démocratiques et pacifiques, afin que la sécurité et les libertés puissent fleurir côte à côte.* » par Grégoire Seither, in http://www.voltairenet.org/article15891.html

C'est ainsi que par ses lois d'exterritorialité et sa puisance militaire les USA imposent leurs ntérêts au reste du monde.

C'est ainsi que les dirigeants français ont bradé notre industrie stratégique, jusqu'aux médicaments, fabriqués dans des pays lointains « au moindre cûts », avec pour conséquence la pénurie lors des épidémies. Mais les marges bénéficiaires des actionnaires en constante hausse !

Ce système ne permet ni le développement durable, ni le vivre ensemble. C'est un triste constat… mais il n'est pas le seul !

Les générations futures, en bref

Pour les générations futures, il faut appréhender un minimum les évolutions sociétales et l'avenir.

La seule évolution dont on soit assuré, mesurable, est la démographie et les mouvements de population en cours, donc l'immigration, et leur conséquence le choc des civilisations dont l'histoire nous a laissév la trace et qui peut s'observer aujord'hui même en France dans les zones dites sensibles ou territoires perdus de la Républiique.

Cet aspect de l'équation me semble majeur, au mêmz titre que la mondiaiation financière, car il est d'ampleur planétaire.. Dans l'esprit de la commission Bruntland de l'ONU (1987), le développement durable avait bien vocation à être planétaire.

La mise en œuvre du développement durable et de son xcorollaire le vivre ensemble se heurte donc à deux empires puissants et planétaires, l'empire de la finance et l'empire de la Oumma, la communauté des croyants de la religion musulmane. Il s'en rajoute un troisième l'empire de la post-vérité, c'est-à-dire celui des idéologies qui refusent de voir les réaités telles qu'elles sont. En particulier cet empire (celui des élites mondialisées) refuse de voir que les humains ne sont pas des clones ou des chffres ou des statistiques, mai sont des êtres vivants avec une âme des cultures, des religions, bref des civilisations spécifiques à chaque groupe ethnique. Et que de cez ait ul en est résulté des chocs de civilisations qui perdurent.

2 – L'humanité et les biotopes humains

Il n'y a qu'une seule humnité, ceres mais avec de nombreuses varianes ethnographiqus et culturelles.

- Les sociétés humaines et leurs civilisations ont une organisation ethno-raciale, religieuse et culturelle.
- Un «Natura 2000 » pour les humains ? Des faits et des questions.
- La recherche de l'équilibre dans le cosmos… et du bonheur en collectivité : gageure et utopie

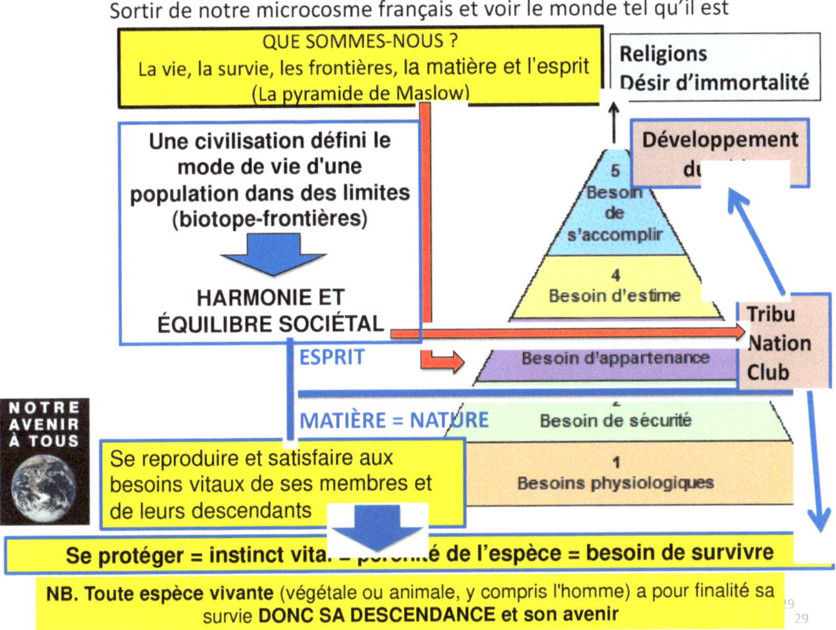

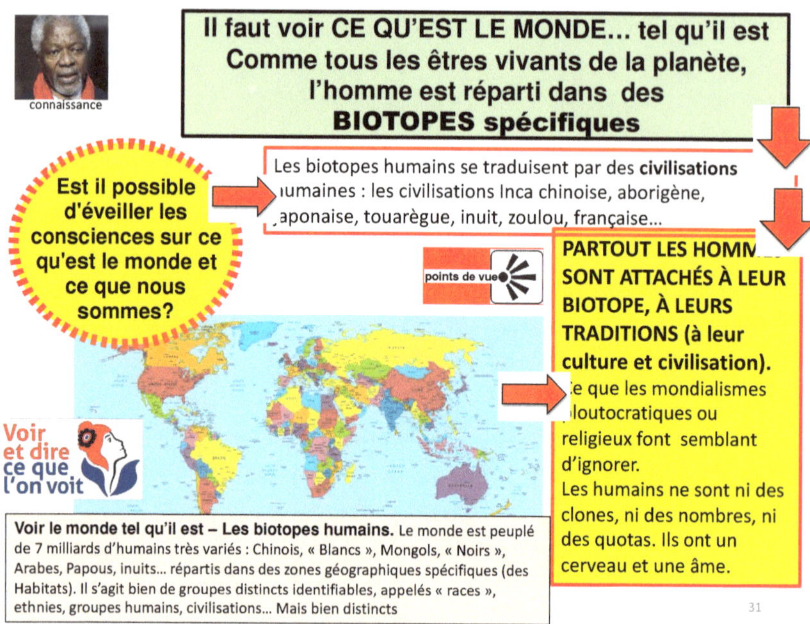

Il est ainsi curieux et paradoxal que certains humains veuillent à coups de milliards, protéger les habitats animaux et végétaux et leurs spécificités (**ZNIEFF, NATURA 2000**) mais estiment qu'il faut supprimer toutes les frontières pour les humains pourtant très diversifiés !

3 - L'état des lieux en France et ailleurs, par quelques observateurs visionnaires réalistes

Charles de Gaule : « C'était De Gaulle, Alain Peyrefitte »

"C'est très bien qu'il y ait des Français jaunes, des Français noirs, des Français bruns. Ils montrent que la France est ouverte à toutes les races et qu'elle a une vocation universelle. Mais à condition qu'ils restent une petite minorité. Sinon, la France ne serait plus la France. Nous sommes quand même avant tout un peuple européen de race blanche, de culture grecque et latine et de religion chrétienne. Qu'on ne se raconte pas d'histoires ! Les musulmans, vous êtes allés les voir ? Vous les avez regardés avec leurs turbans et leurs djellabas ? Vous voyez bien que ce ne sont pas des Français !

Jacques Chirac : « L'appel de Cochin de Jacques Chirac, alors maire de Paris, le 8 décembre 1978 » :

"*Comme toujours* quand il s'agit de l'abaissement de la France, le parti de l'étranger* est à l'œuvre avec sa voix paisible et rassurante. *Français, ne l'écoutez pas.* **C'est l'engourdissement qui précède la mort.** »

Le 19 juin 1991, au cours d'un dîner-débat du RPR, Jacques Chirac prononce le discours qui contient l'expression le « bruit et l'odeur ». Voici un extrait, portant sur l'immigration :

« Notre problème, ce n'est pas les étrangers, c'est qu'il y a overdose. C'est peut-être vrai qu'il n'y a pas plus d'étrangers qu'avant la guerre, mais ce n'est pas les mêmes et ça fait une différence. Il est certain que d'avoir des Espagnols, des Polonais et des Portugais travaillant chez nous, ça pose moins de problèmes que d'avoir des musulmans et des Noirs [...]

Comment voulez-vous que le travailleur français qui habite à la Goutte-d'or où je me promenais avec Alain Juppé il y a trois ou quatre jours, qui travaille avec sa femme et qui, ensemble, gagnent environ 15 000 francs, et qui voit sur le palier à côté de son HLM, entassée, une famille avec un père de famille, trois ou quatre épouses, et une vingtaine de gosses, et qui gagne 50 000 francs de prestations sociales, sans naturellement travailler ! Si vous ajoutez à cela le bruit et l'odeur, eh bien le travailleur français sur le palier, il devient fou. Il devient fou. C'est comme ça. Et il faut le comprendre, si vous y étiez, vous auriez la même réaction. Et ce n'est pas être raciste que de dire cela.
Nous n'avons plus les moyens d'honorer le regroupement familial, et il faut enfin ouvrir le grand débat qui s'impose dans notre pays, qui est un vrai débat moral, pour savoir s'il est naturel que les étrangers puissent bénéficier, au même titre que les Français, d'une solidarité nationale à laquelle ils ne participent pas puisqu'ils ne paient pas d'impôt ! [...]
Il faut que ceux qui nous gouvernent prennent conscience qu'il y a un problème de l'immigration, et que si l'on ne le traite pas et, les socialistes étant ce qu'ils sont, ils ne le traiteront que sous la pression de l'opinion publique, les choses empireront au profit de ceux qui sont les plus extrémistes. [...]
[Au sujet des épiciers de proximité] La plupart de ces gens-là sont des gens qui travaillent, des braves gens ; on est bien content de les avoir. Si on n'avait pas l'épicier kabyle au coin de la rue, ouvert de 7 heures du matin à minuit, combien de fois on n'aurait rien à bouffer le soir ? »

Blog 4845

Nous sommes bien dans un engourdissement général, même si la colère gronde. Car Macron-Machiavel continue son œuvre de démolition. Comme Néron brûlant Rome, pour son plaisir et trouver son inspiration.

Jean Raspail : « le camp des saints », 1973

" Dans la nuit, au midi de notre pays, cent navires se sont échoués, chargés d'un million d'immigrants. Ils viennent chercher l'espérance. Ils inspirent la pitié. Ils sont faibles... Ils ont la puissance du nombre. Ils sont l'Autre, c'est-à-dire multitude, l'avant-garde de la multitude. À tous les niveaux de la conscience universelle, on se pose alors la question : que faire ? Il est trop tard.

Paru pour la première fois en 1973, *Le Camp des Saints*, qui est un roman, relève en 2011 de la réalité. Nous sommes, tous, les acteurs du *Camp des Saints*. C'est notre destin que ce livre raconte, notre inconscience et notre acquiescement à ce qui va nous dissoudre.

C'est pourquoi, en guise de préface à cette nouvelle édition, dans un texte intitulé *Big Other*, j'ai voulu, une dernière fois, mettre un certain nombre de points sur les i. " J.R

Renaud Camus : « le grand remplacement », 2017

« Pouvez-vous développer le concept de Grand Remplacement ? — Oh, c'est très simple : il y a un peuple et presque d'un seul coup, en une génération, il y a à sa place un ou plusieurs autres peuples. C'est la mise en application dans la réalité de ce qui, chez Brecht, paraissait une boutade, changer de peuple. Le Grand Remplacement, le changement de peuple, que rend seule possible la Grande Déculturation, est le phénomène le plus considérable de l'histoire de France depuis des siècles, et probablement depuis toujours. »

Est-ce être raciste que de vouloir conserver ses traditions et sa manière de vivre ?

« La sacralisation de l'Autre, particulièrement quand il s'oppose à notre culture et à nos traditions, relève d'une perversion de ces « vertus chrétiennes devenues folles » dénoncées par Chesterton. »

Année	Population française	Nbre de musulmans	% de musulmans
1968	49,7 millions	610 000	1,23%
1988	56 millions	2 millions	3,60%
2009	67 millions	8 millions	11,94%

Le taux de fécondité français est à nuancer en fonction de l'origine ethnique des femmes:

1,6% pour les Françaises d'origine européenne;

2,7% pour les Maghrébines en France ; et

4,2 % pour les femmes noires d'origine africaine.

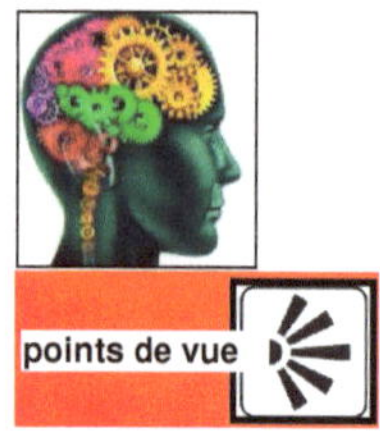

Trois attItudes sont donc possibles :

44

- Soit le nez dans le guidon on ne voit rien venir.
- Soit *Carpe diem,* ou « après-moi le déluge » et advienne que pourra
- **Soit il faut poser les problèmes** et essayer de trouver des solutions en intégrant l'ensemble des paramètres concernant l'humanité, car personne, ni aucun groupe ne se sauvera durablement seul… Il faut réveiller et éduquer les peuples.

… C'est l'esprit du développement durable. Savoir où l'on va…

64

Le surréaliste pacte mortifère de Marrakech,

19 décembre 2018, dit pacte mondial pour les migrants (approuvé par le président français Emmanuel Macron !)

> Les dirigeants de l'ONU veulent donc que chaque année 4 320 000 immigrés non-européens viennent remplacer les Européens autochtones en voie de disparition (sic). En cent ans, jusqu'en 2100, cela voudrait dire qu'environ 400 millions d'immigrés non-européens seront venus en Europe.
>
> Les Européens autochtones sont priés de rapidement accepter sur le sol européen les migrants extra-européens.

Ce pacte de l'ONU ne peut qu'alimenter la crainte des peuples européens d'une véritable invasion organisée ar les dirigeants au poivoir des empires planétaires de la finance et d'Allah.

 Éric Zemmour : « Discours d'Éric Zemmour à la Convention de la Droite (28 septembre 2019) »

« Bonjour. Ah oui, vous êtes nombreux quand même ! Je… je ne m'y attendais pas, on m'avait prévenu mais je n'y croyais pas. Tous ces gens qui viennent quand on leur parle de convention des droites, d'union des droites, de rassemblement de toutes les droites, de rassemblement populaire et même – qui sait ? – populiste, d'alliance entre le Rassemblement National et les Républicains et même de rassemblement des populistes avec des dissidents de France Insoumise, donc tous ces mots interdits, impossibles. On m'avait dit que les gens aimaient les chimères, mais je ne croyais pas que ce fût à ce point.

Non, vous vous croyez où franchement ? Aux États-Unis ? En Hongrie ? En Pologne ? En Italie ? En Autriche ? Non mais vous croyez vraiment que vous allez échapper au second tour Marine-Macron et à la réélection de Macron ? Vous n'êtes pas sérieux, pas raisonnables, vous n'y croyez pas quand même ? Je sais que Joseph de Mestre disait que le peuple français était le plus facile à tromper, le plus difficile à détromper, le plus puissant à tromper les autres, mais enfin quand même ! C'est réglé, c'est plié, vous êtes venus pour rien. Circulez, il n'y a rien à voir ! Vous savez que vous êtes en France quand même et qu'en France on a la droite la plus bête du monde. Vous savez quand même que c'est breveté dans le monde entier. On est le pays des droits de l'homme et la droite la plus bête du monde. Ça va ensemble.

Non, vraiment, vous n'êtes pas raisonnables. Et puis, j'ai bien lu le thème de la Convention : « *Comment trouver une alternative au progressisme ?* » Comment et pourquoi chercher une alternative au progressisme ? N'entendez-vous pas dans ce terme doux le nom de progrès ? Songez-vous au sort de nos ancêtres paysans qui souffraient de la famine et à Louis XIV martyrisé par les médecins de Molière ? Non, vous n'êtes pas sérieux, pas raisonnables. Le progrès, c'est la grande affaire de notre temps, la grande religion de notre temps. Autre chose que Jésus Christ ou Moïse. Et depuis deux siècles, vous vous rendez compte ? Comment refuser le progrès qui nous tend les bras ? Comment ne pas louer cette magnifique révolution industrielle qui a permis la boucherie de Verdun ? Comment ne pas louer cette science qui nous a donné la bombe atomique ? Comment ne pas s'extasier devant la sublime Révolution française qui a donné la Terreur et ces lendemains qui chantent communistes qui ont donné le goulag ? Oui, franchement, comment ne pas être progressiste ?

Ah, il faut dire qu'on a longtemps hésité. Il y avait de quoi. À côté de ces massacres, si progressistes, il y avait aussi les antibiotiques, la pénicilline, la sécurité sociale et la cortisone pour la voix.

Mais depuis quelques décennies, la moindre hésitation n'est plus possible. Le progressisme n'est plus discutable. Le règne de l'individu libre a abattu les vieilles barrières entre les humains et les anciens préjugés. Le patriarcat est mort et les femmes sont libérées de millénaires d'oppression. Les esclaves ont été sortis de leurs fers, Caroline de Haas et Rokhaya Diallo sont reines du monde. C'est quand même autre chose que Bonaparte et Victor Hugo.

La mondialisation heureuse a fait sortir des centaines de millions de Chinois ou d'Africains de la misère. Et tant pis si elle a fait plonger des dizaines de millions d'Occidentaux dans la pauvreté et le chômage. Chacun son tour. Après tout, les ouvriers blancs ont bien profité de la colonisation et de l'échange inégal. Il n'est que justice qu'ils paient.

Les beautés du progrès le plus récent me laissent chaque jour plus ébahi.

Comment ne pas être séduits par ce vent de liberté qui règne sur la France et sur l'Occident ? Comment ne pas approuver toutes ces lois qui sanctionnent la pensée et la parole car on est bien plus libre en pensant bien et en taisant des pensées mauvaises ?

Comment ne pas être heureux de voir ces hommes au système pileux abondant qui peuvent enfin avouer leur vraie nature de femme, de voir ces femmes qui n'ont plus besoin du contact dégoûtant des hommes pour faire des bébés, de voir ces mères qui n'ont plus besoin d'accoucher pour être mère ? Comme dit la magnifique Agnès Buzyn, « une femme peut être un père ».

Comment ne pas être emporté par le niveau brillant des copies de ces innombrables bacheliers qui s'amoncellent chaque année ?

Comment repousser le charme entêtant de ce langage inclusif avec tous ces petits points qui ressemble au petit train de notre enfance ?

Comment ne pas goûter l'inventivité verbale de nos maîtres : « féminicide », « préjugé genré », « lutte intersectionnelle », « femme racisée » ? Ce sabir magnifique que seuls des ringards refusent d'adopter.

Comment ne pas être ébloui par l'élégance des tenues de notre ministre préférée, Sibeth N'Diaye, sommet de la distinction française ?

Comment ne pas se pâmer devant un art contemporain dont la beauté renvoie aux poubelles de l'histoire tous nos grands peintres du passé ?

Et comment ne pas s'extasier devant la plume si élégante d'une Christine Angot qui fait passer Voltaire et Stendhal pour d'obscurs tâcherons ?

Oui, sans oublier le génie de nos architectes d'aujourd'hui à côté de qui Gabriel ou Lebrun sont des besogneux académiques.

Non, vraiment, vous n'êtes pas raisonnables. Mais, parce que je me suis déplacé et que vous êtes nombreux, je peux quand même essayer de vous aider.

Pour trouver une alternative au progressisme, il faudrait d'abord le définir. Enfin, c'est ainsi qu'on nous apprenait jadis à travailler. Je vous propose une définition : *Progressisme : la religion du progrès, un millénarisme qui fait de l'individu un dieu et de ses volontés jusqu'aux caprices un droit sacré et divin.*

Le progressisme est un matérialisme divinisé qui croit que les hommes sont des êtres indifférenciés, interchangeables, sans sexes ni racines, des êtres entièrement construits comme des Lego et qui peuvent être donc déconstruits par des démiurges.

Le progressisme est un messianisme sécularisé, comme le furent le jacobinisme, le communisme, le fascisme, le nazisme, le néolibéralisme ou le droit-de-l'hommisme.

Le progressisme est une révolution. D'ailleurs, souvenez-vous, le livre de campagne de notre cher Président s'appelait *Révolution*. Une révolution ne supporte aucun obstacle, aucun retard, aucun état d'âme. Robespierre nous a appris qu'il fallait tuer les méchants. Lénine et Staline ont rajouté qu'il fallait aussi tuer les gentils.

La société progressiste au nom de la liberté est une société liberticide. Pas de liberté pour les ennemis de la liberté. Le cri de Saint-Just est toujours à son programme. Depuis les Lumières, depuis la Révolution française, depuis la révolution de 17, jusqu'à même la IIIe République avec ses radicaux franc-macs, jusqu'à aujourd'hui, c'est toujours le même progressisme : la liberté, c'est pour eux, pas pour les autres. La liberté, eux seuls peuvent l'apprécier et en user. La liberté, eux seuls en sont dignes.

Nous croyons être sortis de cet engrenage funeste, alors que nous y sommes rentrés. C'est que notre dictature a pris des couleurs inusitées et que nos maîtres ont eu l'habileté de conserver les formes de la démocratie pour mieux les vider de l'intérieur.

Pour servir ce pouvoir tyrannique et nous imposer cette idéologie diversitaire, comme l'appelle joliment mon ami Bock-Côté, on a mis en place un appareil de propagande qui réunit la télévision, la radio, le cinéma, la publicité, sans oublier les chiens de garde d'Internet. Son efficacité fait passer Goebbels pour un modeste artisan et Joseph Staline pour un débutant timoré.

Le progressisme, c'est l'omniprésence de la parole soi-disant libre, servie par une technologie d'une puissance de diffusion jamais vue dans l'histoire mais en même temps, comme ils aiment dire, un appareil répressif de plus en plus sophistiqué pour la canaliser et la censurer.

D'un côté, les libéraux et le marché ont ouvert nos pays aux grands vents du libre-échange mondialisé, abattant frontières et petits commerces, transformant les anciens citoyens en consommateurs individualistes et quasi hystériques, soumis aux injonctions des publicitaires et des grandes entreprises.

De l'autre, l'extrême-gauche a troqué son marxisme et son bréviaire de la lutte des classes pour la sainte cause des minorités, qu'elles soient sexuelles ou ethniques, et a remplacé la rue et les barricades par les prétoires.

Les juges, conditionnés par la propagande de gauche dès l'école de la magistrature, sont devenus les relais et souvent les complices des associations diverses à qui ils servent de bras armés pour racketter les dissidents et terroriser la majorité autrefois silencieuse et aujourd'hui tétanisée.

Tous ceux qui se sentaient à l'étroit dans l'ancienne société régie par le catholicisme et le Code civil, tous ceux à qui on avait fait miroiter une libération et qui y avaient légitimement cru, les femmes, les jeunes, les homosexuels, les basanés, les juifs, les protestants, les athées, tous ceux qui se sentaient une minorité mal vue au sein de la majorité des mâles blancs hétérosexuels catholiques et qui ont joyeusement déboulonné la statue au rythme saccadé des déhanchements de Mick Jagger, tous ceux-là ont été les idiots utiles d'une guerre d'extermination de l'homme blanc hétérosexuel.

Non pas un mouvement de libération des femmes. Non pas un combat pour l'égalité entre hommes et femmes. Non pas même un abaissement de tous les mâles au nom d'une revanche universelle contre le patriarcat. Rien de tout cela.

Le seul ennemi à abattre, c'était l'homme blanc hétérosexuel catholique.
Le seul à qui on fait porter le poids du péché mortel de la colonisation, de l'esclavage, de la pédophilie, du capitalisme, du saccage de la planète, le seul à qui on interdit les comportements les plus naturels de la virilité depuis la nuit des temps au nom de la nécessaire lutte contre les préjugés de genre, le seul à qui on arrache son rôle de père, le seul qu'on transforme au mieux en seconde mère ou au pire en gamète, le seul qu'on accuse de violences conjugales, le seul qu'on balance comme un porc.

On voue aux gémonies un Bernard Pivot parce qu'il évoque sa jeunesse éprise de jolies Suédoises et on pardonne tout au rappeur qui insulte et appelle au viol, voire au meurtre des femmes blanches.

Je vous invite à lire la prose des indigénistes, des féministes racisées, des luttes intersectionnelles qui gangrènent nos facs après avoir pourri les plus grandes universités américaines. Que disent-elles ? Qu'elles sont d'abord noires ou arabes ou musulmanes. Qu'elles appartiennent à leur race – oui, oui, elles, elles ont le droit d'employer le mot -, à leur religion – l'islam -, à leur pays – en tout cas celui de leurs parents. Qu'elles n'ont que faire d'une solidarité avec des femmes qui sont d'abord pour elles des femmes françaises, des bourgeoises et surtout des Blanches. Que leurs hommes sont ce qu'ils sont, avec leurs défauts, leurs énormes préjugés de genre, et même leurs violences. Mais qu'ils sont ainsi non parce qu'ils sont des hommes, mais parce qu'ils ont été dominés et asservis par l'homme blanc. Que leur seul ennemi est l'homme blanc. Et qu'elles ont besoin de leurs hommes pour l'abattre.

Celles-là ont compris l'évolution du rapport de force. L'homme blanc hétérosexuel catholique n'est pas attaqué parce qu'il est trop fort, mais parce qu'il est trop faible, non parce qu'il est assez tolérant, mais parce qu'il l'est trop. C'est le faible et humaniste Louis XVI qu'on guillotine, pas l'inflexible et puissant Louis XIV.
Il faut donc sonner l'hallali, achever la bête blessée. Cioran nous avait prévenus : « *Tant qu'une nation a conscience de sa supériorité, elle est farouche et respectée. Dès qu'elle ne l'a plus, elle s'humanise et ne compte plus.* »

Tant que les féministes blanches continuent de les rejoindre dans ce seul combat contre l'homme blanc hétérosexuel, elles sont les bienvenues. De même pour les mouvements homosexuels, LGBTQ et autres XYZ. Dès que tous ceux-là ne veulent plus se cantonner à cette seule lutte à mort entre les races et les religions, ils redeviennent, tels le carrosse de Cendrillon redevenant citrouille, que des sales Blanches bourgeoises.

Formidable, exceptionnelle réussite ! Nos progressistes, si brillants, si arrogants, si férus d'avenir et se souciant du passé comme de leur dernier iPhone, qui croyaient avoir dépassé le stade archaïque de la guerre des nations et de la guerre des classes, nous ont ramenés à la guerre des races et à la guerre des religions. Ils ont ramené l'avenir à Charles Martel et au siège de Vienne de 1683, ils ont ramené l'avenir à la guerre du feu.

Nous sommes ainsi pris entre l'enclume et le marteau de deux universalismes qui écrasent nos nations, nos peuples, nos territoires, nos traditions, nos modes de vie, nos cultures : d'un côté, l'universalisme marchand qui, au nom des droits de l'homme, asservit nos cerveaux pour les transformer en zombies déracinés ; de l'autre, l'universalisme islamique qui tire profit très habilement de notre religion des droits de l'homme pour protéger son opération d'occupation et de colonisation de portions du territoire français qu'il transforme peu à peu, grâce au poids du nombre et de la loi religieuse, en enclaves étrangères, en ce que l'écrivain algérien

Boualem Sansal, qui a vu les islamistes en Algérie opérer ainsi dans les années 80, appelle des « Républiques islamiques en herbe ».

L'universalisme droits-de-l'hommiste nous empêche de nous défendre au nom d'un individualisme borné qui ne voit pas que ce ne sont pas des individus qui sont en cause mais des grandes masses, que ce sont des civilisations qui s'affrontent sur notre sol dans un combat millénaire et non pas des individus qui se côtoient dans le court laps de leur vie sur terre. Ces soi-disant libéraux ont oublié la leçon d'un de leurs maîtres les plus réputés, Benjamin Constant, qui disait : « *Tout est moral chez les individus, tout est physique dans les masses. Un individu est libre parce qu'il n'a en face de lui que d'autres individus de même force. Dès qu'il entre dans une masse, il n'est plus libre.* »

Ces deux universalismes sont à la fois rivaux et complices. Le marché s'adapte à tout tant qu'il peut faire du profit. Il a placé ses hommes à la tête de l'État pour utiliser son monopole de la contrainte légitime comme bras armé. Ainsi l'État français, qui fut le génie bienveillant des populations françaises, qui le protégeait des féodaux et des prédateurs étrangers, qui fit de ce peuple rassemblé sur le territoire entre la Méditerranée et l'Atlantique la grande nation crainte dans toute l'Europe et le monde entier, est devenu, par un retournement incroyable, l'arme de destruction de la nation et l'asservissement de son peuple, du remplacement de son peuple par un autre peuple, une autre civilisation.

Ces deux universalismes, ces deux mondialismes, sont deux totalitarismes.
Puisque nos grandes consciences progressistes, puisque nos médias et jusqu'à notre président de la République lui-même aime tant les années 30, on va leur en donner. On va faire une comparaison avec cette époque.

Nous vivons sous le règne d'un nouveau pacte germano-soviétique. Nos deux totalitarismes s'allient pour nous détruire avant de s'entre-déchirer ensuite. C'est leur objectif commun, leur Graal. Aux libéralistes droits-de-l'hommistes, les métropoles. À l'islam, les banlieues.

Les uns servent pour l'instant de domestiques aux autres : livreurs de pizza, taxis, nounous, cuisines de restaurant et drogues. Les autres protègent leurs domestiques de leurs pouvoirs médiatique et judiciaire contre la détestation sourde de ce peuple français qu'ils vomissent, les uns et les autres, les uns parce qu'ils sont français et pas américains, les autres parce qu'ils sont de culture catholique et pas musulmane. De nombreux bons esprits ont comparé ces dernières années l'Union européenne à la défunte Union soviétique et l'arme monétaire de la BCE aux chars du Pacte de Varsovie lancés au service de la doctrine Brejnev de la souveraineté limitée. On voit actuellement en Italie, en Angleterre comment les parlements et les juges combattent avec une rare efficacité la volonté des peuples. Le droit et les procédures soi-disant constitutionnels contre la liberté des peuples. On est revenu en plein dans les régimes qui se prétendaient eux aussi démocraties populaires.

Quant à l'islam, nous avons l'embarras du choix. Dans les années 30, les auteurs les plus lucides qui dénonçaient le danger allemand comparaient le nazisme à l'islam. Oui, l'islam, ils disaient l'islam et personne ne leur reprochait de stigmatiser l'islam. À la limite, beaucoup trouvaient qu'ils exagéraient un petit peu. Bien sûr, disaient-ils, le nazisme est parfois un peu raide et intolérant, mais de là à le comparer à l'islam…

Quelques années plus tard, après-guerre, un autre totalitarisme, le communisme, menaçait. Et la même comparaison revint au goût du jour. Maxime Rodinson, un des plus grands spécialistes de l'islam, disait : « C'est un communisme avec Dieu. » Toujours cette même comparaison, cette même obsession, diront certains.

Alors, je sais, on va m'accuser d'islamophobie, j'ai l'habitude. On sait tous que ce concept fumeux d'islamophobie a été inventé pour rendre impossible la critique de l'islam, pour rétablir la notion de blasphème au profit de la seule religion musulmane. Une notion de blasphème abolie, je le rappelle, en 1789. Mais les progressistes qui sacralisent la Révolution ne sont pas à une contradiction près et sont prêts à bazarder un de ses acquis pour protéger leur cher islam.

Ce que nos progressistes ne parviennent pas à comprendre, c'est que l'avenir n'est pas régi par des courbes économiques, mais par des courbes démographiques. Celles-ci sont implacables.

L'Afrique, qui était une terre vide de 100 millions d'habitants en 1900, sera une terre pleine à ras bord de 2 milliards et plus en 2050. L'Europe, qui était alors une terre pleine de 400 millions d'habitants – quatre fois plus – n'est montée qu'à 500 millions – un pour quatre. Le rapport s'est exactement inversé.

À l'époque, le dynamisme démographique de notre continent a permis aux Blancs de coloniser le monde. Ils ont exterminé les Indiens et les Aborigènes, asservi les Africains. Aujourd'hui, nous vivons une inversion démographique qui entraîne une inversion des courants migratoires qui entraîne une inversion de la colonisation. Je vous laisse deviner qui seront leurs Indiens et leurs esclaves. C'est vous.

À chaque vague démographique correspond son drapeau idéologique. La France du XVIIIe siècle – on l'appelle à l'époque la Chine de l'Europe – conquiert le continent avec les droits de l'homme. L'Angleterre du XIXe siècle victorien et ses neuf enfants par famille légitime son impérialisme par la supériorité raciale du Wasp (White Anglo-Saxon Protestant). Les Allemands de la fin du XIXe siècle inventent le pangermanisme – déjà racialiste – puis le nazisme pour légitimer leur poussée vitale vers l'Est.

Cette fois-ci, le vitalisme démographique africain a un drapeau tout trouvé : l'islam. L'islam qui avait déjà été le drapeau de l'Orient contre la Grèce de l'Antiquité, le christianisme, reprend du service. Ah, il n'a pas changé depuis le Moyen Âge, il est prêt à l'emploi pour nous vaincre avec nos droits de l'homme et nous dominer avec sa charia, comme disait le prédicateur al-Qaradawi.

« Nous sommes arrivés aujourd'hui au temps des conséquences et de l'irréparable », disait Drieu la Rochelle dans les années 30. En France, comme dans toute l'Europe, tous nos problèmes sont aggravés – je ne dis pas « créés » mais « aggravés » – par l'immigration : école, logement, chômage, déficits sociaux, dette publique, ordre public, prisons, qualifications professionnelles, urgences aux hôpitaux, drogues ; et tous nos problèmes aggravés par l'immigration sont aggravés par l'islam. C'est la double peine.

Tous les économistes nous expliquent doctement que l'économie est d'abord une affaire de confiance. Or le grand sociologue américain Robert Putnam a démontré que la confiance entre les gens diminuait au fur et à mesure que la société était moins homogène ethniquement et culturellement. Mais on continue à nous seriner que l'immigration est une richesse. Cherchez l'erreur.

La question qui se pose donc à nous est la suivante : les jeunes Français vont-ils accepter de vivre en minorité sur la terre de leurs ancêtres ? Si oui, ils méritent leur colonisation. Si non, ils devront se battre pour leur libération. Mais comment se battre ? Où se battre ? Sur quoi se battre ?

Se battre comme certains l'ont fait depuis des années, courageusement, avec les vieux mots de la République – la laïcité, l'intégration, l'ordre républicain ? Malheureusement, ces mots n'ont plus de sens. Immigration, intégration, délinquance, incivilité, vivre-ensemble, et même assimilation, République, valeurs républicaines, État de droit, tout cela ne veut plus rien dire. Tout a été retourné, dévoyé, vidé de son sens. Les vieux socialistes comme Jaurès ou Blum n'appelleraient plus République ce que nous appelons aujourd'hui République. Tous ceux qui s'accrochent encore à ce vieux langage républicain sont aussi désuets que le fut Charles X lorsqu'il voulut à l'aube de son règne rétablir le sacre d'antan à la manière de ses ancêtres rois absolus. Il fut ridicule car entre-temps la Révolution et l'Empire avait tout balayé.

Les débats idéologiques contemporains sont comme les chansons d'aujourd'hui : des reprises des tubes des années 80. Laïcité ou liberté, intégration ou assimilation, droit d'asile, ouverture ou fermeture, ils ne correspondent plus à notre époque. Ces questions, ces débats sont dépassés, désuets, obsolètes. Des questions mortes qui errent encore comme les âmes mortes de Gogol.

L'immigration, c'était naguère venir d'un pays étranger pour donner à ses enfants un destin français. Aujourd'hui, les immigrés viennent en France pour continuer à vivre comme au pays. Ils gardent leur histoire, leurs héros, leurs mœurs, leurs prénoms, leurs femmes qu'ils font venir de là-bas, leurs lois qu'ils imposent de gré ou de force aux Français de souche qui doivent se soumettre ou se démettre, c'est-à-dire vivre sous la domination des mœurs islamiques et du halal ou fuir.

Ainsi se comportent-ils comme en terre conquise, comme se sont comportés les Pieds-noirs en Algérie ou les Anglais en Inde : ils se comportent en colonisateurs. Les caïds et leurs bandes s'allient à l'imam pour faire régner l'ordre dans la rue et dans les consciences selon la vieille alliance du sabre et du goupillon, en l'occurrence la kalach et la djellaba. Il y a une continuité entre les viols, vols, trafics jusqu'aux attentats de 2015 en passant par les innombrables attaques au couteau dans les rues de France. Ce sont les mêmes qui les commettent, qui passent sans difficulté de l'un à l'autre pour punir les kouffars, les infidèles. C'est le djihad partout et le djihad pour tous et par tous.

Tous les ministres de l'Intérieur depuis trente ans jouent les matamores pour combattre les trafics de drogue dans les banlieues et prétendent restaurer l'ordre républicain. Ils ne comprennent pas que pour restaurer l'ordre républicain dans les quartiers, il faut d'abord ramener la France dans ces enclaves étrangères.

Dans la rue, les femmes voilées et les hommes en djellaba sont une propagande par le fait, une islamisation de la rue, comme les uniformes d'une armée d'occupation rappellent aux vaincus leur soumission.
Au triptyque d'antan « immigration, intégration, assimilation » s'est substitué « invasion, colonisation, occupation ».

J'aime la formule de Renaud Camus : « Entre vivre et vivre ensemble il faut choisir ». La question est donc aujourd'hui celle du peuple. Le peuple pour refaire une nation. Le peuple français contre les universalismes qu'ils soient marchands ou islamiques. Le peuple français contre les cosmopolites citoyens du monde qui se sentent plus proches des habitants de New York ou de Londres que de leurs compatriotes de Montélimar ou de Béziers et le peuple français contre l'universalisme islamique qui transforme Bobigny, Roubaix, Marseille en autant de Républiques islamiques et qui brandit les drapeaux algériens ou palestiniens lorsque son équipe de football gagne, enfin son équipe de cœur, l'équipe du pays de leurs parents, pas l'équipe de leur carte d'identité ou de leur carte vitale.
Nous devons tout remettre sur pied.

Nous devons nous affranchir de la religion des droits de l'homme puisqu'elle a oublié qu'elle s'adressait aussi aux citoyens. Lamartine écrivait dans l'*Histoire des Girondins* : « *Quand il y a contradiction entre des principes et la survie de la société, c'est que ces principes sont faux car la société est la vérité suprême.* »
Nous devons nous affranchir des pouvoirs de nos maîtres : médias, universités, juges.

Nous devons restaurer la démocratie qui est le pouvoir du peuple contre la démocratie libérale qui est devenue le moyen au nom de l'État de droit d'entraver la volonté populaire.

Nous devons abolir les lois liberticides qui au nom de la non-discrimination nous rendent étrangers dans nos propres pays.

Nous devons au contraire partout remettre à l'honneur le principe de la préférence nationale qui n'est rien d'autre que le fondement d'une nation qui n'a de raison d'être que si elle privilégie les siens au détriment des autres.

Nous devons assumer notre conception de l'écologie, celle qui défend d'abord la beauté de nos paysages, de nos sites, de notre art de vivre, de notre culture, de notre civilisation.

Bien sûr, nous devons être conservateurs, et conservateurs de notre identité, mais que pouvons-nous conserver puisque tout a été détruit ? Notre tâche est plus immense, presque désespérée : nous devons restaurer.

Je ne dis pas que la question de l'identité est la seule question qui nous soit posée, je ne dis pas que l'économie n'existe pas, que la désindustrialisation n'existe pas, que les fins de mois difficiles n'existent pas, que les petites retraites n'existent pas, que le Code du travail n'existe pas, que les délocalisations n'existent pas, que les contraintes et défauts de l'euro n'existent pas.

Je prétends seulement que la question identitaire du peuple français les précède toutes, qu'elle préexiste à toutes, même à celle de la souveraineté. C'est une question de vie ou de mort. Une République islamique française pourrait être souveraine, en quoi serait-elle française ?

Cette question de l'identité est aussi la plus rassembleuse, car elle réunit les classes populaires et les classes moyennes, et même une partie de la bourgeoisie qui est restée attachée à son pays. Oui, elle réunit toutes les droites, jusqu'à une gauche restée près du peuple français, sauf la gauche internationaliste et la droite mondialiste, qui est déjà passée chez les progressistes macronistes et pour qui la France n'existe plus et pour qui importent seulement les villes dans le monde où sont localisées les banques qui gèrent son argent.

Nous devons savoir que la question du peuple français est existentielle quand les autres relèvent des moyens d'existence. Les jeunes Français seront-ils majoritaires sur la terre de leurs ancêtres ?

Je répète cette question car jamais elle n'avait été posée avec une telle acuité. Dans le passé, la France a été menacée de dislocation, de polonisation comme on disait en référence au partage de la Pologne, elle a été occupée, rançonnée, asservie, mais jamais son peuple n'a été menacé de remplacement sur son propre sol.

Ne croyez pas ceux qui vous mentent depuis 50 ans. Ne croyez pas ceux qui, comme Macron aujourd'hui, reprennent les mêmes mots que Hollande, Sarkozy, Chirac et Giscard. Quand vous entendez que notre politique d'immigration doit être ferme et humaine à la fois, vous pouvez être sûrs qu'elle ne sera pas ferme et qu'elle sera humaine pour les immigrés mais pas pour les Français.

Ne croyez pas les démographes et leurs porteurs médiatiques de bonnes nouvelles. Souvenez-vous de la phrase de Churchill qui disait : « *Je ne crois qu'aux statistiques que j'ai trafiquées moi-même.* »

Ne croyez pas les optimistes qui vous disent que vous avez tort d'avoir peur. Vous avez raison d'avoir peur : c'est votre vie en tant que peuple qui est en jeu.

Ne croyez pas ces optimistes qui sont comme les pacifistes de toutes les époques. Ils s'aveuglent volontairement, ils sont comme Aristide Briand, ce grand pacifiste d'après la Première Guerre mondiale qui criait « Guerre à la guerre » et écrivait au chancelier allemand Streisemann : « Je jette au panier tous les jours des rapports de mon état-major qui me montrent des preuves du réarmement de l'Allemagne. » De même nos Briand d'aujourd'hui mettent au panier toutes les collections de Coran qu'on leur apporte remplies de sourates qui donnent l'ordre d'égorger tous les mécréants, les infidèles, les juifs et les chrétiens.

Ne croyez pas les optimistes. Récitez-vous la célèbre phrase de Bernanos que beaucoup connaissent déjà : « *L'optimisme est la fausse espérance des lâches et des imbéciles, la vraie espérance est le désespoir surmonté* ».
Mais je sais que si vous êtes ici aujourd'hui, c'est que vous surmontez.

Stéphane Ravier, sénateur des Bouches du Rhône. Intervention au Sénat sur l'immigration, le 21 juin 2018

L'immigration est une chance pour la France. »

Telle est depuis une trentaine d'années la devise, sinon de la République, du moins d'une classe politique qui a tout renié, jusqu'à laisser mourir l'identité du peuple français.

Regroupement familial, effacement des frontières, discrimination positive à l'embauche, assistanat social, droit d'asile, faux mineurs mais vrais clandestins majeurs, vous avez créé toutes les conditions d'une véritable submersion migratoire.

Alors l'immigration est une chance, mais pour qui ? Assurément pas pour nos compatriotes. Pour une caste politique, elle a permis de sauver quelques élections grâce à ces nouveaux Français. Pour d'autres, elle a permis de recevoir des subventions publiques et d'affréter des bateaux pour emmener des clandestins des côtes libyennes jusqu'en Europe.

Les chiffres sont éloquents : en 2016, seuls 7 % des étrangers qui se sont installés chez nous étaient munis d'un contrat d'embauche. L'immigration n'est plus, et depuis longtemps, une immigration de travail mais une immigration de peuplement pour assistés sociaux. Pour nos compatriotes, la facture est exorbitante [1].
Je vous le dis solennellement, mes chers collègues, je ne crois pas à la théorie du Grand Remplacement. En revanche, je suis convaincu de sa réalité.

Je n'évoquerai pas, moi, le bruit et et les odeurs si chers au Président disparu [2], mais ces zones qui se comptent par centaines à travers le pays, qui sont devenues des enclaves étrangères, des zones de non-France où la haine de tout ce qui est français se répand comme une traînée de poudre.

Nos lois, notre culture, notre identité, notre savoir-vivre, notre savoir-être, nos libertés, celles des femmes en particulier, comme les libertés sexuelles et religieuses, sont rejetés, combattus pour être elles aussi remplacés sous les coups d'un communautarisme islamiste militant.

L'idéologie du vivre-ensemble s'écroule sous le poids de la réalité d'une immigration chaque jour plus violente et conquérante et met en danger notre unité nationale et républicaine.

Seuls ceux qui en ont les moyens en réchappent – et parmi ceux-là, vous tous ou presque, mes chers collègues. Car si la classe politique est favorable au vivre-ensemble, elle ne s'inflige pas le vivre-avec. L'immigration, c'est comme les éoliennes. Ceux qui en défendent l'installation refusent d'en voir à côté de chez eux.

Votre politique d'immigration, mes chers collègues, a aussi le coût du sang. Du Bataclan à Nice, de Laura à Mauranne, à Timothy ou à Théo, c'est notre jeunesse qui est sacrifiée sur l'autel d'une idéologie destructrice.

Sur le plan social, la politique d'immigration relève de la provocation. Alors que chaque jour de nouveaux sacrifices sont exigés des Français, l'immigration continue d'être un tonneau des Danaïdes. Le coût de l'AME qui bénéficie aux seuls clandestins est passé de 400 millions il y a quinze ans à 1 milliard d'euros aujourd'hui.

Les Français ne s'y trompent plus ou plutôt vous ne les trompez plus. Ils sont majoritaires à refuser ce suicide national. Les Français en ont marre, les Français en ont assez.

Quarante ans qu'ils se poussent, qu'ils consentent des sacrifices, qu'ils accueillent l'autre et qu'ont-ils obtenu en retour ? Le développement d'un insupportable racisme anti-Français, anti-Blanc, anti-chrétien.

Nos compatriotes refusent la submersion et de devenir des étrangers dans leur propre pays ? Alors vous menacez, vous censurez et vous traînez devant les tribunaux ces résistants qui refusent de collaborer.

Comment pouvez-vous avoir les yeux aussi grand fermés devant ce phénomène unique dans l'histoire de l'humanité et des nations, celui de l'explosion démographique mondiale ?

Loin d'en prendre conscience et fidèle à son « en même temps », Emmanuel Macron parcourt l'Europe pour sanctionner les pays qui refusent les quotas de migrants et il s'apprête à faire de Marseille un port d'accueil pour les clandestins de la Méditerranée. Marseille qui subit déjà une situation migratoire sociale et sécuritaire explosive.

Une provocation que je continuerai à dénoncer même si ça doit me coûter une mise en examen, comme c'est le cas aujourd'hui car dans ce beau pays de France, un parlementaire qui dénonce un trafic d'êtres humains se retrouve devant les tribunaux.

Face à ce danger mortel qui menace notre nation et l'Europe de Charlemagne, de Charles Martel, de Charles Quint, personne ne nous fera taire.
Mais nous attendons bien autre chose que (ce qui va sortir) de ce faux débat.

Les seules questions qui devraient vous animer sont celles-là :
Avons-nous, nous Français, le droit de vivre en France selon nos traditions et notre identité ?

Avons-nous le droit de rester ce que nous sommes et de transmettre à nos enfants ce que nous avons reçu de nos parents ?

Avons-nous le droit de demeurer français dans une France française ?
Nous connaissons la réponse et le sursaut national ne peut donc venir d'aucun d'entre vous.

Aussi, pour toutes les victimes de votre folle politique d'immigration, pour les victimes sociales, économiques et identitaires, pour toutes ces familles dont la vie a été détruite sous les coups de l'immigration sauvage, je vous demande, mes chers collègues de droite comme de gauche, car vous êtes tous responsables de ce désastre, je vous demande de vous excuser !
– Excusez-vous pour avoir menti !
– Excusez-vous pour avoir trahi !
– Excusez-vous en instaurant la préférence nationale dans tous les domaines !
– Excusez-vous en rétablissant nos frontières !
– Excusez vous avec des quotas non pas d'immigration, mais des quotas d'expulsion !
– Excusez-vous en inversant le courant de l'immigration !
Si vous refusez, si vous ne renoncez pas à votre idéologie mortifère, bien avant la postérité, c'est la France qui vous maudira.

Michel Onfray, Bérézina le 25 mars 2020 sur michelonfray.com

« Dans son discours martial du 17 mars, Emmanuel Macron a dit à six reprises que nous étions en guerre. Le mot est fort et, quand on est chef de l'État, il ne faut pas l'utiliser mal à propos. Il est le chef des Armées et se doit donc de montrer à ceux qu'il dirige qu'il est porteur d'une vision pour le pays et qu'il a besoin de la grande muette pour agir dans le sens de cette vision.

Réunir l'Etat-major au grand complet pour lui dire: "je suis votre chef" ne suffit pas! La chose n'est pas performative: si c'est de Gaulle, ça peut marcher, encore que, on a vu combien ce fut difficile; si c'est Macron, avoir disposé les *Mémoires* du général sur son bureau comme une tranche de jambon entre un Stendhal et un Gide, cela ne suffit pas pour obtenir une légitimité historique. A part garantir les bénéfices des fortunes européennes dans l'Europe maastrichtienne, on ne voit pas où est le grand projet de ce petit Président.

Sur la réponse à donner au terrorisme islamiste, on n'a pas non plus découvert sa grande vision! En-dehors d'un discours annoncé avec force trompettes qui ne fut qu'un blabla proféré pour conjurer le "séparatisme" (comme ces choses-là étaient gentiment dites et doucereusement proférées!), une photo résuma le tout: à la sortie du laïus, une jeune fille intégralement voilée se fit photographier en sa présence, ce qui est formellement interdit par la loi, mais le chef de l'État ne trouva rien à dire: c'est sa façon à lui de lutter contre le séparatisme -le laisser agir et dire en même temps qu'il ne faut pas qu'il agisse! En même temps, encore et toujours...

Que le confinement soit purement et simplement violé, méprisé, moqué, ridiculisé dans la centaine des territoires perdus de la République, voilà qui ne pose aucun problème au chef de l'État accessoirement aussi chef des Armées! Il est plus facile de faire verbaliser mon vieil ami qui fait sa balade autour de son pâté de maison avec son épouse d'une amende de deux fois 135 euros que d'appréhender ceux qui, dans certaines banlieues, font des barbecues dans la rue, brisent les pare-brises pour voler les caducées dans les voitures de soignants, organisent ensuite le trafic de matériel médical volé, se font photographier vêtus de combinaison de protection en faisant les doigts d'honneur qui plaisent tant au Président, continuent le business de la drogue, crachent sur la police en disant que le coronavirus est une maladie de blancs et qu'Allah les en protège, tout en interdisant à cette police débordée de porter des masques sous prétexte que ce serait anxiogène alors que la véritable raison est que l'État n'en a pas à distribuer [1]! Et les territoires perdus de la

République, est-ce que ce ne serait pas un peu anxiogène aussi? Pas au point que ce soit un problème si j'ai bien compris...

Or, j'ai bien compris: car Sibeth Ndiaye, jamais en retard d'une saillie politiquement correcte, fait savoir, martiale elle-aussi, concernant cette impossibilité de faire respecter la loi dans les territoires perdus: "je vois bien à quoi ça peut vite mener" (19 mars, RMC/BFMTV)...

Ah bon? A quoi donc? A l'embrasement des quartiers? A un énervement qui pourrait décider certains de ses habitants à descendre dans les arrondissements chics pour y répandre la terreur? Non non, pas du tout, vous n'y êtes pas. Le risque dans tout ça, c'est... le racisme, bien sûr! Lisons: "Évidemment (sic) c'est vrai (sic) que dans certains quartiers, il n'y a pas de respects des règles (sic). Mais (sic !) attention, je ne veux pas (sic) qu'on commence à dire que c'est parce que ce sont des banlieues, avec des populations de telle ou telle origine que les gens ne respectent pas les règles". Ah bon? mais alors pourquoi? On aimerait connaître les véritables raisons. Car si. Evidemment. Si. C'est vrai. Si. Dans certains quartiers. Si. On ne respecte pas les règles. Alors pourquoi? Nous serions nombreux à vouloir savoir! Car on ne peut se contenter de constater un fait tout en interdisant son commentaire! A défaut d'une interprétation intelligente de la part de la dame, on s'autorisera soi-même l'éclaircissement: le bon sens suffira, car, quiconque en est pourvu n'a pas besoin qu'on lui fasse un dessin... Que ce gouvernement prie leur dieu, celui du Veau d'Or, pour que ceux qui ne craignent plus aucune autorité, qui se fichent de l'État comme de l'an quarante, de la police comme d'une guigne, de la prison comme d'une première savate, de la parole présidentielle et de toute autre verbe d'autorité comme d'une poubelle, n'aient pas à l'idée d'élargir leurs zones d'influences jusqu'aux beaux quartiers! Car ni la police, ni l'armée, ni l'État, ni ce qui lui sert de chef n'y pourront grand-chose! Le pouvoir vacille, mais, bien sûr, l'urgence est d'éviter des propos racistes! Comment est-il possible d'être Sibeth?

Car, si nous sommes en guerre, et Emmanuel Macron l'a dit, c'est contre le virus et seulement contre lui! Éventuellement contre un sexagénaire et sa femme qui marchent autour de leur maison aussi, s'il le faut, jugulaire jugulaire. Mais nous ne sommes pas en guerre contre d'autres façons de se rendre dangereux pour le pays. Pas du tout...

Or il en existe une autre: il suffit qu'une centaine de tribus de ces zones perdues refuse le confinement pour que la totalité du confinement ne serve plus à rien pour le reste des Français. Les territoires perdus de la République qui refusent le confinement perdent la République toute entière: ils le savent bien, ils le veulent bien, puisque c'est leur projet...

Le chef de l'État, en tant qu'il est aussi chef des Armées, a prévu quoi pour lutter contre cela? Ou pour faire face à ce genre de situation? Lui qui, menton en avant, avait dit à la crème de l'armée française: "je suis votre chef" après avoir éhontément débarqué le général de Villiers comme un instituteur le ferait avec un cancre de fond de classe, il n'a rien à proposer. C'est tout juste un chef d'opérette, guère plus qu'un gendarme de Saint-Tropez.

Macron n'a qu'un logiciel, c'est celui de la main invisible du marché -c'était une bonne idéologie, mais seulement quand elle a été créée au XVIII° siècle pour s'opposer à l'absolutisme royal pour libérer les initiatives individuelles. Depuis un demi-siècle, cette pensée magique a triomphé. Mais comme une armée a triomphé après avoir tout pulvérisé avec une bombe atomique.

Le coronavirus lève le voile sur l'état de la santé française comme le classement PISA sur l'état de l'Education nationale. On ne relève pas de cadavres dans ce domaine, juste des âmes mortes en quantité. Ce même virus pourrait bien lever un autre voile: sur l'état de la police et de l'armée française. Il n'en tient qu'à une poignée d'outlaws, contre lesquels il ne faut rien dire sous prétexte de passer pour un raciste, de décider d'en apporter la preuve.

Clausewitz (1870-1831) reste un auteur cardinal quand on est chef de l'État parce qu'on est, je me répète, chef des Armées. *De la guerre* (1835) est son ouvrage majeur, c'est un épais traité dont beaucoup parlent mais que peu ont lu. Raymond Aron en a donné un génial commentaire, André Glucksmann en a parlé en maoïste, René Girard a disserté à sa manière sur ce sujet. Mais on parle peu de son *Cours sur la petite guerre* donné à Berlin entre 1810 et 1812 et qui théorise ce que l'on pourrait nommer la guérilla.

Clausewitz écrit en regard des guerres révolutionnaires (1792-1802) et de Napoléon. Bien sûr, et pour cause, il ignore la guerre totale d'Hitler, les guerres impérialistes du XX° siècle, l'usage de l'arme atomique, la victoire vietminh ou les nouvelles guerres de religion qui poursuivent les croisades et qui ont été réactivées par le couple Ben Laden / Bush, puis par l'État islamique (dont il fut interdit en France de dire qu'il était un État et qu'il était islamique...). Je ne parle pas de la cyberguerre.

Ce qui advient aujourd'hui ne relève pas de la guerre classique, de la guerre totale, mais de cette fameuse petite guerre qui n'a pas été pensée par le Président - ou alors, il a gardé pour lui les fruits de ses cogitations géniales...

De la même manière que, depuis des années, cette guerre contre ceux qui menacent la République avec les dispositifs explosifs d'enclaves de guérillas ne déclenche aucune riposte venue du sommet de l'État, la fameuse guerre contre le coronavirus n'a pas reçu non plus sa réponse appropriée. Macron croit que cette guerre est à mener comme une guerre napoléonienne mais, en disciple avoué et parfumé de Julien Sorel, il ne l'envisage que sur le papier.

Le chef de l'État a d'abord estimé que cette guerre n'aurait pas lie ; après, il a dit que ceux qui la prédisaient étaient des oiseaux de mauvaise augure; ensuite, il a effectué la danse du ventre en montrant que, sous la menace de l'ennemi, il allait au théâtre, lui, et qu'il n'y avait même pas peur; puis il a décrété que le virus n'avait pas de passeport avant d'en profiter pour faire de la politique politicienne; de même, sa ministre a annoncé dans le mégaphone médiatique qu'il n'y avait rien à craindre -elle prétend le contraire depuis; par-dessus tout ça, les premiers bruits de l'attaque se faisant entendre, il a estimé que le mieux à faire était d'aller voter -on connaît la suit : depuis, chacun vit chez soi confiné comme dans une cellule, l'ennemi effectue sa sale besogne. Pour ceux qui habitent des prisons dorées, tout va bien; pour les autres, c'est le cloaque, le cul-de-basse-fosse.

Les premiers morts tombent... "Quelle riposte?", demande l'Etat-major. "Éternuez dans votre coude" répond le généralissime Macron. Puis il ajoute: "Et n'oubliez pas de vous laver les mains après..."! Les morts s'écroulent ensuite par poignées, par paquets, en quantité. "Quelle riposte?", réitère l'Etat-major? Envoyez le gel hydro-alcoolique dit le Président. On trie les morts dans les hôpitaux: les trop abîmés, aux pompes funèbres, les moins atteints, on intube. Les hôpitaux sont engorgés, les soignants commencent à mourir: une infirmière à Biscaye, un médecin à Compiègne. "Quelle riposte?" supplie l'Etat-major. On est en train de coudre les élastiques des masques rassure l'arrière-petit-fils du gendarme de Saint-Tropez...

Déroute, débandade. Après l'Exode des Parisiens dans leurs résidences secondaires parfumées aux premières fleurs du printemps, c'est Débâcle. Si tout cela continue et qu'après un champ de bataille couvert de morts, il existe un jour une Libération, elle sera immanquablement suivie d'une Épuration.

On constatera alors que la petite guerre consistait peut-être [2] à repérer l'ennemi au plus tôt, dès la première silhouette du premier soldat, puis à le cibler avec un test massif de dépistage national; ensuite, une fois le mal connu, circonscrire celui qui en est le porteur et le confiner, lui et lui seul, de sorte que le confinement de tout le monde n'était pas nécessaire.

Fiction?

C'est très exactement de cette façon que l'Allemagne enregistre à cette heure (le 22 mars) une mortalité inférieure à cent personnes: elle a plus de personnes touchées qu'en France, mais elle enregistre moins de morts que nous.

Pour quelles raisons? L'Allemagne n'a pas nié la maladie dans son pays et a très vite estimé qu'elle était susceptible d'être contaminée, elle a commencé les tests de dépistage très tôt, elle les a pratiqués d'une façon plus étendue (sept fois plus qu'en France...), elle a mis en quarantaine une grande quantité de cas suspects, les tests y sont plus faciles et ne sont pas soumis à une incroyable liste de conditions.

A cette heure, il semble que cette méthode qui évite le confinement généralisé (l'Allemagne interdit les rassemblements de plus de deux personnes mais elle n'a pas mis tout le pays sous cloche) soit la bonne, du moins la meilleure, sinon la moins pire.
Combinée à des soins à la chloroquine tels que les préconise le professeur Raoult (le maire LR de Nice Christian Estrosi, positif, ne s'y est pas trompé, il en bénéficie déjà, lui...), voilà qui ressemble à autre chose qu'à l'état de siège décrété par notre chef de l'État.

Car, entre rien, son option pendant si longtemps, et la vitrification sociale, sa seule solution depuis peu, il y avait peut-être une place pour ce en quoi jadis la France excellait: la méthode cartésienne, la méthode expérimentale, la méthode épistémologique qui permirent à René Descartes, à Claude Bernard et à Gaston Bachelard de laisser leurs noms dans l'histoire de la science et de l'épistémologie, mais aussi dans la grande Histoire et de contribuer ainsi à la grandeur du pays et de son rayonnement dans le monde.

Repérer l'ennemi, le dépister, le cibler, le circonscrire, le confiner, l'isoler afin d'épargner les personnes saines: qui dira qu'il n'en va pas là d'une saine méthode pour mener à bien la petite guerre, toutes les petites guerres ?

André Posokhow, Consultant pour Polémia, 13/05/2013

LA FACTURE DE L'IMMIGRATION

<u>84 milliards : coût budgétaire de l'immigration selon le rapport Posokhow, Polémia, 2014.</u>

La Seine-Saint-Denis est l'un des départements où il y a le plus d'immatriculations de véhicule de grosse cylindrée. C'est aussi le département métropolitain qui coûte le plus cher au budget de l'Etat. Mais c'est « les yeux grands fermés » (Michèle Tribalat) que les médias observent l'immigration. Il s'est même trouvé un universitaire lillois pour affirmer que l'immigration rapportait plus qu'elle ne coûtait : sans doute, pour M. Chojnicki, le moyen le plus facile de se faire connaître, à défaut d'être bien… sérieux. Toutes les autres études concluent au contraire à un surcoût budgétaire dû à l'immigration : de 17 milliards dans la dernière étude Jean-Paul Gourévitch (2012) ; de 42 milliards chez Pierre Milloz (1997) dont l'étude ancienne continue de faire référence par sa rigueur méthodologique, de 73 milliards chez Yves-Marie Laulan (2012). Jean-Yves Le Gallou a, lui, évalué à 18 milliards le seul coût d'entrée et d'accueil des 200.000 immigrés supplémentaires annuels (coût en infrastructure notamment).

Omerta statistique et différences de périmètre d'étude.

Ces écarts de chiffres peuvent légitimement surprendre mais ils s'expliquent de trois façons :

– d'abord, par l'omerta statistique qui rend l'accès aux données difficile et qui implique de poser des hypothèses ;
– ensuite, par les définitions retenues pour les populations étudiées ;
– enfin, par le périmètre des dépenses et des recettes analysé.

Polémia présente ici le rapport d'André Posokhow, auditeur, consultant, diplômé d'expertise comptable.

André Posokhow aboutit au chiffre de 84 milliards : l'équivalent du déficit public.
Ce chiffre, plus élevé que celui d'autres études, s'explique par le caractère global de l'étude :
André Posokhow prend en compte les secteurs où il y a clairement des surcoûts dus à l'immigration : la police et la justice, par exemple.

Mais il ne néglige pas pour autant, contrairement à d'autres études moins complètes, les autres secteurs tels que l'éducation ou le logement où il y a, là aussi, des surcoûts mais aussi des coûts tout courts qui doivent être pris en considération. André Posokhow prend en compte l'ensemble des recettes fiscales et sociales dues à l'immigration ; par souci de cohérence, il réimpute aussi à l'immigration un coût moyen des services publics auxquels les immigrés et descendants d'immigrés accèdent proportionnellement aux autres résidents. Le rapport prend aussi en compte, en dépenses comme en recettes, les collectivités territoriales. Au final, le rapport Posokhow fait apparaître un solde recettes/dépenses négatif de 63 milliards.

Enfin, André Posohow n'oublie pas que sur les trente dernières années l'immigration a contribué au déficit public. Ce déficit public a lui-même coûté au budget de l'Etat en intérêts versés ; intérêts versés qui ont eux-mêmes nourri l'endettement. Au final, André Posokhow estime à 21 milliards les intérêts annuels de la dette en 2013 qui ont pour origine ce déficit.

C'est ainsi qu'on arrive à un total de 84 milliards : un gisement d'économies considérable dans la perspective du redressement des finances publiques.

Polémia livre ci-dessous à ses lecteurs la présentation de son étude par André Posokhow, ainsi que le texte intégral de l'étude en PDF. Polémia invite ses lecteurs à faire part de leurs observations. D'autres études suivront : une monographie sur la Seine-Saint-Denis et des analyses plus fines du coût des différentes immigrations selon leur provenance géo-civilisationnelle.
Polémia

Présentation par son auteur de l'étude sur le coût net de l'immigration pour les finances publiques de la France

En novembre 2012, *Contribuables associés* a publié sa monographie n° 27 sur « L''immigration en France. Dépenses, recettes, investissements, rentabilité ». Cette étude a été établie par Jean-Paul Gourévitch, expert international en ressources humaines, spécialiste de l'Afrique et des migrations. Elle présente un déficit de la balance dépenses/recettes de 8,760Mds€ auquel il est ajouté un montant relevant de l'Aide publique au développement de 3,277Mds€ et des investissements au titre de la politique d'intégration de 5,375Mds€ pour aboutir à un coût net de l'immigration de 17,412Mds€. Or, le même expert affirmait en conclusion de la monographie n° 23 de mars 2010 que « chaque année, l'immigration représente pour les pouvoirs publics un surcroît de dépenses de 30,4 milliards d'euros », soit à peu près le double du déficit de la monographie n° 27 plus récente.

A peu près au même moment, une équipe universitaire dirigée par Xavier Chojnicki a publié le résultat de recherches sur cette problématique dans un livre *L'immigration coûte cher à la France. Qu'en pensent les économistes ?*. On peut distinguer deux directions de travail : l'affichage d'un impact budgétaire positif de la population immigrée en 2005, que les auteurs estiment à 3,9Mds€, et l'évaluation des bénéfices prévisionnels de cette immigration grâce aux techniques de la « comptabilité générationnelle ».

Les yeux grands fermés

Devant des résultats aussi divergents entre les auteurs et, pour le même auteur, entre deux études publiées à deux ans d'intervalle, la Fondation Polémia a souhaité faire un point objectif du coût annuel pour les finances publiques françaises de l'immigration en France en rappelant l'existence d'études anciennes élaborées par

Jacques Bichot et Pierre Milloz il y a plus de dix ans. La difficulté d'un tel travail est qu'il repose sur des hypothèses et des choix par nature souvent discutables. Il n'existe pas dans ce domaine de vérité certaine et des chiffres exacts. En effet, les données chiffrées de l'immigration sont faussées en France par l'insuffisance des instruments statistiques, comme le souligne Madame Tribalat dans son livre *Les yeux grands fermés* (Denoël, 2010).

Les yeux grands ouverts

L'objectif du travail présenté ci-dessous est d'examiner et d'apprécier sur une année, comme le fait la monographie n° 27, la différence qui apparaît entre les recettes et les dépenses annuelles provenant du « stock » des immigrés en France comme peut le souhaiter tout citoyen et contribuable français qui dirait : *Je veux et je suis en droit de savoir ce que me coûtera cette année cette immigration intensive qui me perturbe ; quant au très long terme, c'est probablement intéressant mais d'ici 2050 il peut se passer beaucoup de choses et des prévisions élaborées aujourd'hui peuvent être complètement démenties.* C'est la raison pour laquelle l'approche est celle d'un pur constat statique des dépenses et des recettes annuelles de l'immigration, y compris, le cas échéant, de celles que J.-P. Gourévitch considère comme des investissements. Il convient, dans la mesure du possible, de tenir compte de tous les coûts et de toutes les recettes budgétaires annuels affectés par l'immigration, comme le logement et l'éducation, et non d'éventuels « surcoûts » marginaux. Enfin, cette étude se place bien au plan des recettes et dépenses budgétaires et non pas du point de vue macroéconomique de la contribution positive ou négative au PIB qui constitue une problématique différente.

L'étude de Polémia procède tout d'abord à une analyse sommaire de l'écart entre les déficits significatifs des monographies n° 27 et n° 23. Il semble que la raison principale en soit une sous-estimation des recettes de l'immigration en 2010 d'environ 34Mds€.

Pour comprendre la méthode de l'étude il est précisé que celle-ci suit la démarche de la monographie de 2012 de J.-P. Gourévitch pratiquement point par point et fait l'objet de commentaires et éventuellement d'appréciations différentes pour évaluer le différentiel entre les dépenses et les recettes de l'immigration.

Concernant les coûts l'étude a procédé à quatre types de travaux :

-écarter la notion de « surcoût » et retenir le coût total réel comme dans le cas du domaine carcéral pour lequel la monographie n'a retenu que le coût de son extension par la construction de nouvelles places de prison à hauteur de 0,040Mds€ alors que le montant du programme carcéral du ministère de la Justice a été de 2,821Mds€ en 2011. Autrement dit, l'immigration ne représenterait que 1,4% du montant du programme carcéral français !

-réévaluer en fonction d'informations récentes la base de certaines évaluations qui ont semblé relativement faibles. C'est le cas de la fraude aux prestations sociales et de la fraude fiscale ;

-tenir compte de secteurs importants de la dépense publique qui n'ont pas été pris en compte ou, si cela a été fait, d'une manière marginale. C'est le cas principalement du financement de la construction, de l'éducation, des transports qui sont considérés comme affectés par l'immigration. Ce n'est pas le cas de dépenses régaliennes comme la défense ou la diplomatie ou des dépenses de recherche ;

–recalculer les coûts, notamment sociaux, en fonction de nouveaux paramètres mais selon des principes semblables à ceux de la monographie.

En revanche, il n'a pas été tenu compte de l'Aide publique au développement, contrairement à ce qu'a fait la monographie.

L'étude des coûts débouche sur une augmentation de ceux-ci d'environ 75Mds€.

D'un autre côté, la prise en compte des recettes fiscales de l'Etat et des collectivités territoriales et des cotisations sociales, recalculées, elles aussi, sur des principes identiques à ceux de la monographie mais en fonction de paramètres sensiblement différents, aboutit à une augmentation du total des recettes d'environ 20Mds€

Au total, l'excédent des dépenses liées à l'immigration sur les recettes de même nature s'établit pour les finances publiques à environ 63Mds€. A ce montant il apparaît nécessaire de prendre en compte et d'ajouter les intérêts de la dette qui ont pour origine ce déficit qui pèse sur les finances publiques et donc sur la dette, soit 21Mds€, pour aboutir à un déficit final de plus de 84Mds€.

Il convient de rappeler que dans plusieurs cas de l'étude qui pourraient engager des montants plus significatifs que ceux retenus, ce sont des évaluations modérées qui ont été retenues. Par ailleurs, il n'a été tenu compte que partiellement des dépenses des collectivités locales. L'établissement d'une fourchette haute pourrait aboutir à un déficit pour les finances publiques de près de 100Mds€.

On lira l'étude d'André Posokhow dans son intégralité dans Polémia

Lire aussi
Laurent Obertone, *La France interdite*, Ring, 2018.

Gérard Pince, *Les Français ruinés par l'immigration*, Godefroy de Bouillon, 2013.

Ibn Kaldoun, le plus grand penseur arabo-musulman (d'après Tahar Ben Jelloun) : du Maroc au Pakistan les cavaliers d'Allah avaient déferlé « ils se précipitèrent comme une nuée de sauterelles, abimant et détruisant tout sur leur passage. Mais ce déferlement a duré huit siècles et a duré plus qu'une nuée de sauterelles.

Ecrit : « *s'il ne faut garder en mémoire qu'un seul nom, le dernier grand savant arabe, celui qui a écrit une œuvre de portée universelle, c'est Ibn Khaldoun. Il est l'inventeur de ce qu'on appelle aujourd'hui la "sociologie", c'est-à-dire l'étude des faits et comportements de la société.* » Ibn Kaldoun était bien musulman et maghrébin, universellement reconnu comme érudit, de Cordoue à Damas.

Et bien voilà un très court extrait de ce qu'il pensait et a écrit sur les Arabes : « *[…] Ils sont en effet, en raison de leur naturel farouche, gens de pilleries et de brigandage : tout ce dont ils peuvent se saisir sans lutte et sans danger, ils l'enlèvent, puis ils s'enfuient vers leurs pâturages du désert.* » *[…]*

« *En outre, leur naturel est d'arracher aux autres ce qu'ils possèdent : leurs moyens d'existence sont à la pointe de leurs lances, et ils ne connaissent, pour ce qui est de prendre le bien d'autrui, aucune limite à laquelle ils se tiennent ; au contraire, chaque fois que leurs yeux tombent sur un troupeau, un objet, un ustensile, ils se l'approprient de force[…], il n'est plus aucun moyen administratif de protection de la propriété, et la civilisation est ruinée.* » *[…]*
« *[…] et l'absence de gouvernement est la perte de l'humanité et la ruine de la civilisation.* »

« *Aussi, considère tous les pays qu'ils ont conquis et assujettis depuis la Création : tu verras combien leur civilisation est disloquée, leurs habitations appauvries ; leur terre elle-même est transformée. Au Yémen, tous les établissements sédentaires sont ruinés, à l'exception de quelques villes. Dans l'Irak Arabe il en va de même : la civilisation que les Perses y avaient développée est ruinée pour sa plus grande part. En Syrie, de nos jours, il en va de même. En Ifriquiya et au Maghreb, depuis que les Banou-Hilal et les Banou-Soulaïm y sont passés, au début du Ve siècle, et se sont acharnés sur ces pays pendant 350 ans, toutes les plaines sont ruinées, alors qu'autrefois du Soudan jusqu'à la Méditerranée tout était cultivé, comme l'attestent les vestiges qui s'y trouvent : monuments, constructions, traces de fermes et de villages. »*

C'est Ibn Khaldoun, « le plus grand savant arabe », qui l'écrivait au quatorzième siècle. Contrairement aux lieux communs d'aujourd'hui, il ne faisait aucune confusion entre les Arabes bédouins pratiquant la razzia et les Perses et Mésopotamiens bâtisseurs. Pour Ibn Khaldoun, l'intrusion des Arabes s'est traduite par « une ruine de la civilisation. »

Thierry Desjardins, journaliste :

*« Il serait grand temps que nous nous apercevions -
enfin-* **qu'une nouvelle guerre de religion a éclaté et, cette fois, à l' échelle
planétaire.** *Les Islamistes massacrent les chrétiens en Égypte, en Irak, aux
Philippines, en Indonésie, au Pakistan, au Nigeria, un peu partout. »*

Recep Tayyip Erdogan, président de Turquie
« l'expression islam modéré est laide et offensante, il n'y a pas d'islam modéré.
L'ISLAM EST L'ISLAM. »

Youssef al-Qaradâwî, théologien.

Youssef al- référence des Frères musulmans, déclare : « Avec vos lois
démocratiques nous vous coloniserons, avec nos lois coraniques, nous vous
dominerons ».

Houari Boumediene, président de l'Algérie, 1965 à 1978 :

Déclaration à la tribunede l'ONU, le 10 avril 1974.
Extrait : *« Un jour, des millions d'hommes quitteront l'hémisphère Sud pour aller
dans l'hémisphère Nord. Et ils n'iront pas là-bas en tant qu'amis. Parce qu'ils iront
là-bas pour le conquérir. Et ils le conquerront avec leurs fils. Le ventre de nos
femmes nous donnera la victoire. »*

Konk, dessinateur

QUAND ON PENSE QU'AUTREFOIS,
POUR ENVAHIR UN PAYS,
IL FALLAIT SE BATTRE !
www.konk.org

AGENCE DE VOYAGES
FRANCE
SON RMI
SA SÉCU
SES
ALLO-
CATIONS
Ses navires de croisière !!!
Konk
www.konk.org

Dilem, caricaturiste algérien

DANGER. Echec de l'intégration : la réalité vue d'Algérie, le dessin-choc de Dilem (caricaturiste algérien)

L'immigration sans intégration, ce n'est pas une chance ! **C'est une invasion !**

63 ANS APRÈS LA GUERRE DE LIBÉRATION NATIONALE

LES ALGÉRIENS GARDENT ESPOIR

Anonyme

L'avenir ?

4 - La france c'est (ou c'était)…

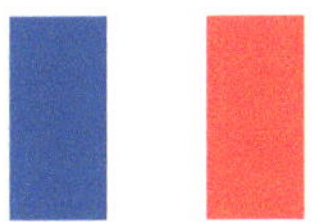

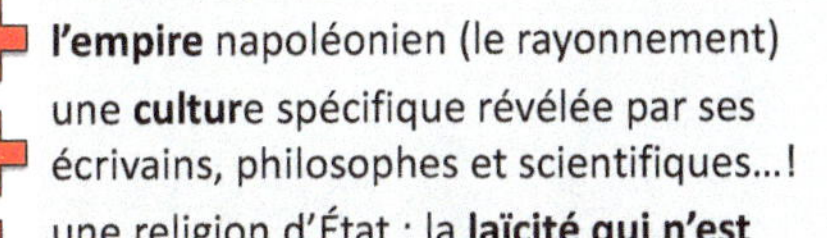

Notre civilisation française est l'amalgame

- de la civilisation **grecque** (la démocratie),
- de la civilisation **romaine** (l'organisation),
- du **christianisme** (la spiritualité.
  (Aimez-vous les uns les autres, la fraternité),
- de la **monarchie** (la définition d'un espace),

✚ la **révolution** française (liberté-égalité-fraternité),

✚ l'**empire** napoléonien (le rayonnement)

✚ une **culture** spécifique révélée par ses écrivains, philosophes et scientifiques…!

✚ une religion d'État : la **laïcité qui n'est comprise qu'en France !**

✚ depuis peu la volonté d'un développement durable, préservant l'environnement, la planète et les générations futures.

L'âme française c'est se sentir proche de…

Vercingétorix, la résistance à l'envahisseur romain,

Aétius qui aécrasé les envahisseurs huns d'Attila aux Champs catalauniques

Clovis,

Charles Martel, la résistance à l'envahisseur arabe,

Le chevalier Bayard, sans peur t sans reproche

Jeanne d'Arc, la résistance à l'envahisseur anglais,

Henri IV et l'édit de Nantes,

Louis XIV, le roi-soleil,

Vauban,le génie défensif

Victor Hugo, Molière, La Fontaine, Voltaire…

Napoléon, le visionnaire et génie militaire,

Eiffel son génie mécanique et sa tour,

Le capitaine Marchand, l'intrépidité fait homme

Jean Moulin la résistance à l'oppresseur nazi jusqu'à la mort,

Pasteur, Claude Bernard…

Et tant d'autres et de merveilles paysagères et historiques
Synthèse par le puissant roi Béhanzin (1890-1906) du Dahomey (actuellement Bénin) qui a été exilé par la France en Martinique et est mort en Algérie.

« Vous pouvez arracher l'homme à son pays,
mais vous ne pouvez pas arracher son pays au cœur de l'homme, ni arracher un grand homme de l'histoire.»

Et par le maréchal Foch : « un peuple sans mémoire est un peuple sans avenir. »
PUBLICITÉ

De qui est-il l'objectif ?

Deuxième partie

L'invasion arabo-musulmane récente

5 – Un petit rappel d'histoire (de 714 à 2017) jamais étudié à l'école dans sa continuité et sa totalité.

C'est pourtant notre histoire !

Les musulmans sont entrés pour la première fois en **714** dans ce qui était la France de l'époque.

Ils se sont emparés de Narbonne, qui est devenue leur base pour les 40 années suivantes, et ont pratiqué des razzias méthodiques.

Ils ont ravagé le Languedoc de 714 à 725, détruit Nîmes en 725 et ravagé la rive droite du Rhône jusqu'à Sens.

En 721, une armée musulmane de 100.000 soldats mit le siège devant Toulouse, défendue par Eudes, le duc d'Aquitaine.

Charles Martel envoya des troupes pour aider Eudes.

Après six mois de siège, ce dernier fit une sortie et écrasa l'armée musulmane, qui se replia en désordre sur l'Espagne et perdit 80.000 soldats dans la campagne.

On parle peu de cette bataille de Toulouse parce qu'Eudes était mérovingien.

Les Capétiens étaient en train de devenir rois de France et n'avaient pas envie de reconnaître une victoire mérovingienne.

Les musulmans ont conclu alors qu'il était dangereux d'attaquer laFrance en contournant les Pyrénées par l'est, et ils ont mené leurs nouvelles attaques en passant à l'ouest des Pyrénées.

15.000 cavaliers musulmans ont pris et détruit Bordeaux, puis lesPays de la Loire, et mis le siège devant Poitiers, pour être finalement arrêtés par Charles Martel et Eudes à vingt kilomètres au nord de Poitiers, en 732.

Les musulmans survivants se sont dispersés en petites bandes et ont continué à ravager l'Aquitaine.

De nouveaux soldats les rejoignaient de temps en temps pour participer aux pillages.

Ces bandes n'ont finalement été éliminées qu'en 808, parCharlemagne.

Les ravages à l'est ont continué jusqu'à ce qu'en 737 Charles Martel descende, au sud, avec une armée puissante, et reprenne successivement
Avignon, Nîmes, Maguelone, Agde, Béziers et mette le siège devant Narbonne.

Cependant, une attaque des Saxons sur le nord de la France obligea Charles Martel à quitter la région.

En 759 enfin, Pépin   le   Bref reprit Narbonne et   écrasa   définitivement   les envahisseurs musulmans.

Ces derniers se dispersèrent en petites bandes, comme à l'ouest, et continuèrent à ravager le pays, notamment en déportant les hommes pour en faire des esclaves castrés, et les femmes pour les introduire dans les harems d'Afrique du Nord, où elles étaient utilisées pour engendrer des musulmans.

La place forte des bandes se situait à Fraxinetum, l'actuelle Garde-Freinet (le massif des Maures). Une zone d'environ *10.000 kilomètres-carrés*,   dans les Maures, fut totalement dépeuplée.

En 972, les bandes musulmanes capturèrent Mayeul, Abbé de Cluny, sur la route du Mont Genèvre.

Le retentissement fut immense.

Guillaume II, comte de Provence, passa 9 ans à faire une sorte de campagne électorale pour motiver tous les Provençaux, puis, à partir de 983, chassa méthodiquement toutes les bandes musulmanes, petites ou grandes.

En 990, les dernières furent détruites. Elles avaient ravagé la France pendant **deux siècles.**

La pression musulmane ne cessa pas pour autant. Elle s'exerça pendant les 250 années suivantes par des razzias effectuées à partir de la mer.

Les **hommes** capturés étaient emmenés dans des camps de castration en Corse, puis déportés dans les bagnes du Dar al islam, et les**femmes** d'âge nubile dans les harems.

Les repaires des pirates musulmans se trouvaient en Corse, Sardaigne, Sicile, sur les côtes d'Espagne et celles de l'Afrique du Nord.

Toulon a été totalement détruite par les musulmans en 1178 et1197, les populations massacrées ou déportées, la ville laissée déserte.

Finalement, les musulmans ayant été expulsés de Corse, Sicile, Sardaigne, du sud de l'Italie et de la partie nord de l'Espagne, les attaques sur les terres françaises cessèrent mais elles continuèrent sur mer par des actions de pirateries.

Ce n'est qu'en 1830 que la France, exaspérée par ces exactions, se décida *à frapper le serpent à la tête*, et à aller en Algérie détruire*définitivement* les dernières bases des pirates musulmans.

Ce fut l'origine et la raison de notre présence en Afrique du Nord.

Vous savez ce qu'est devenue ensuite l'Algérie… et l'histoire ne s'est pas figée…

Ce qu'il y a de frappant, c'est qu'entre 714, la première entrée, et 1830, l'écrasement définitif des pirates arabesques, il s'est écoulé **plus d'un millénaire,** ce qui montre **qu'ils ne renoncent jamais** ...

Et aujourd'hui, effectivement, ils reviennent en masse, par le biais "pacifique" d'une immigration de peuplement, qui exploite à fond les failles de nos lois, de nos principes démocratiques, et de nos avancées sociales ...

Bientôt ils seront assez nombreux pour prendre démocratiquement le pouvoir dans les villages, les banlieues, les villes, les régions, les pays d'Europe !

Il ne faut pas croire ceux qui les décrivent comme "modérés" !

Recep Tayyip Erdogan : « l'expression islam modéré est laide et offensante, il n'y a pas d'islam modéré. **L'ISLAM EST L'ISLAM. »**

Car les exemples des "printemps arabes" qui se sont déroulés sous nos yeux en Tunisie, Libye, Egypte, montrent s'il en était besoin que les "modérés" se font toujours évincer par les enragés !
Qui ne cherchent qu'une chose :
appliquer la charia et transformer nos pays d'Europe
en un "Dar al Islam", une terre d'islam.

Il suffit de voir les exactions actuelles contre les chrétiens d'Afrique du Nord, d' Egypte, d'Indonésie, du Nigéria, etc. pour imaginer quel serait le sort réservé à nos familles, à nos peuples européens de souche judéo-chrétienne !

La France est le pays européen avec la plus importante population musulmane qui augmente très rapidement avec l'immigration de peuplement et la natalité.

"Eux, ils savent ... nous, pas !"

6 - Des faits. Invasion n'est pas un vain mot (fake news). En france : un problème sociétal désormais majeur et prégnant, le changement de population par « l'arabo-islamisme » conquérant.

Le constat d'une évolution sociétale résulte de l'observation et de l'analyse scientifique d'un phénomène, ce n'est pas de la xénophobie, ni du racisme, ni de la stigmatisation, ni du rejet de l'Autre, ni du refus de vivre ensemble. c'est le constat de faits, donc de la réalité.

Il faut commencer par invoquer le principe écologique **GLOCAL (global + local)**.

GLOBAL. Parmi les innombrables problèmes que rencontrent les humains de notre planète (alimentation, démographie, sous- développement, surexploitation des ressources naturelles, pauv- reté, inégalités, accès à l'eau potable...) le plus visible aujour- d'hui est la guerre religieuse qui sévit sur tous les continents. Des centaines d'attentats islamistes et des milliers de morts depuis le début de l'année 2016, dans le monde entier (855 morts rien que dans le mois de juillet, pour le dernier ramadan). De l'Asie à l'Amérique, en passant par l'Afrique et l'europe. https://www.les-crises.fr/les-attentats-dans-le-monde/

Par ailleurs les pays musulmans mènent une politique internationale agressive pour imposer leur loi islamique, dans les institutions démocratiques. c'est ainsi qu'ils ont créé l'OCI (organisation de la conférence islamique) un *« organisme intergouvernemental à finalité politique, économique et culturelle, siégeant à Jeddah (Arabie saoudite), largement financée par l'Arabie saoudite. elle rassemble 57 pays musulmans décidés à défendre les valeurs de l'islam et les intérêts puis les lois islamiques au niveau planétaire. Sorte de « nations Unies » du monde islamique, cas unique dans l'histoire des relations internationales, elle exerce des pressions sur les pays, la « communauté internationale », les instances mondiales, les personnalités politiques, etc, afin d'étendre le règne de l'islam aux quatre coins du monde et en particulier afin d'élargir le champ d'application de la charia sous couvert de défense de la liberté religieuse et de droit à la différence.»*

http://www.atlantico.fr/rdv/geopolitico-scanner/organisation-cooperation-islamique-oci-ou-onu-islamiste-geopolitico-scanner-alexandre-del-valle-2801880.html

Une question lancinante s'impose d'emblée: une guerre mondiale, d'un nouveau genre, à fondement religieux a-t-elle commencé ? Fonctionne-t-elle comme un cancer métastasé ou une gangrène? l'ennemi porte-t-il un uniforme ou se fond-il dans la société ?

LOCAL. Pour nous, européens et Français, le danger le plus évident et imminent est celui de la disparition de la civilisation occidentale sous la poussée démographique et guerrière (plus de 4000 morts « occidentaux » depuis 2001) d'une civilisation exogène, née dans le désert d'Arabie. Civilisation qui compte désormais près de deux milliards d'humains et dont l'objectif revendiqué est l'établissement du califat mondial et de la charia, la loi islamique, une loi théocratique.

En France, l'UOIF (Union des organisations islamiques de France) émanation des Frères musulmans (secte radicale isla- miste) a pignon sur rue et siège au CFCM (comité consultatif du culte musulman). Son président, l'imam de lille, Amar Lasfar, est un redoutable prêcheur, spécialiste du double langage.

En conséquence, notre civilisation occidentale est-elle durable face à une double poussée islamique de masse, intérieure et extérieure ?

Notre civilisation occidentale, de racine judéo-chrétienne, grecque et latine, pourra-t-elle résister encore longtemps aux assauts de ses ennemis intérieurs et extérieurs qui se revendiquent de la religion musulmane? Faudra-t-il sérieusement envisager sa disparition pure et simple ou sa survie dans des « reliquats localisés » temporaires, suivant l'expression de Renaud Camus ? ou alors, peut-on espérer un possible sursaut populaire ?

Le péril est ainsi clair, un changement de civilisation sous double agression : l'invasion massive venue de l'extérieur et *« le ventre de nos femmes »* (Houari Boumédiene).

Les démographes de laboratoire connaissent bien l'outil mathématique qui permet de prévoir l'accroissement d'une population donnée en fonction du nombre d'enfants nés dans les familles. Ainsi, le rapport 2016 de l'INSEE (institut national des statistiques et des études économiques) confirme la tendance au « remplacement » de population.

Cet aspect semble aussi avoir échappé à ceux qui considèrent la population française comme homogène, et crient au miracle français par rapport aux autres pays européens pour le taux de fécondité du pays. En effet, le taux de fécondité français est officiellement de 2,01 enfants par femme (chiffre de 2012), mais ce chiffre est à nuancer en fonction de l'origine ethnique des femmes 1,6 % pour les Françaises d'origine européenne ;

2,7 % pour les Maghrébines en France; et 4,2 % pour les femmes noires d'origine africaine. D'où une évolution démographique du pays qui entraîne une croissance plus forte de la population d'origine allogène. c'est ce que Renaud Camus appelle, avec l'apport massif de la population étrangère des migrants extra-européens, « le grand remplacement » et que je qualifie pour ma modeste part, bien que prétentieuse, de « génocide par substitution ».

Corrélativement, tout observateur objectif, peut constater que l'augmentation de la population « visible » s'accompagne de l'augmentation des actes antisémites, des attentats, de l'extension des zones de non-droit dans le pays, ainsi que celle du communautarisme et de l'islamisme radical, mais aussi de la profanation d'églises et de cimetières chrétiens, de la revendication religieuse dans l'entreprise (facilitée par la loi el-Khomri, dans son article 1)... tous ces éléments sont en croissance rapide dite mathématiquement exponentielle.
Rappel. le constat de cette évolution sociétale résulte de l'analyse scientifique d'un phénomène, ce n'est pas de la xénopho- bie, ni du racisme, ni de la stigmatisation, ni du rejet de l'Autre, ni du refus de vivre ensemble. C'est le constat de la dure réalité : ou bien il y a intégration en une nation unique, ou alors il y a séparation et rejet réciproque, antagonismes et conflits.

Ainsi, un remplacement culturel de population, donc de civilisation, est en cours, avec la complicité de la caste dirigeante et ses alliés et obligés médiatiques.
il s'agit bien d'une évolution visible flagrante, connue des démographes, dont pourtant l'approche ne semble pas évidente à tous et à chacun. Aussi pour illustrer ce qu'est une évolution, ce phénomène clé de compréhension de notre devenir et de l'avenir nos enfants, je renvoie à trois exemples scientifiquement peu contestables et dont au moins le premier est bien connu du grand public :

• le changement climatique terrestre. c'est une évolution visible. le peuple admet qu'il y a changement.
• l'invasion de la mer Méditerranée par l'algue tueuse (*caulerpa taxifolia*). D'un point d'entrée à Monaco, elle a colonisé toute la Méditerranée. c'est une évolution visible et connue des biologistes marins.
• la Drépanocytose, maladie épidémiologique. Qui s'étend en France à partir de sources « d'outremer ». elle démontre une évolution de la population et de ses caractéristiques génétiques, ethniques. elle n'est pas visible mais est bien connues du milieu médical et des instances de santé.

Aussi faut-il rappeler et insister : en cette époque de dogmatisme «
droitdelhommiste » sans limites et d'égalitarisme exacerbé et contre nature, que
ceux qui ne veulent pas comprendre ne comprendront aucune démonstration
scientifique. Sans voir plus loin que le bout de leur nez. Pourtant il faudrait bien
imiter les Helvètes qui ont demandé aux sceptiques de *« faire marcher leur tête ».*
le présent texte est donc pour ceux qui doutent et qui cherchent. À qui il faut
d'abord renvoyer aux grands précurseurs :

Jean raspail (1973), *« un implacable historien de notre futur »* ;
Houari Boumediene (1974), sur la conquête du nord par le Sud;
Georges Marchais (1981), sur l'impérieuse nécessité d'arrêter l'insupportable
immigration de masse...

Les exemples de modèles d'évolutions ne manquent pas, mais dès qu'il s'agit de
matière humaine, de biologie des populations, d'épidémiologie, ou d'évolution de
l'ethnologie et de la sociologie d'un pays, même bien scientifiquement étudiés,
comme il s'agit de « matériel humain » il faut marcher sur les œufs, c'est à dire
user du « politiquement correct », sous peine du risque de convocation devant les
tribunaux.

C'est le retour au Moyen-Âge, au délit de blasphème et à l'inquisition. Dans ce
cas, fini la liberté d'expression prévue dans la constitution.

En effet, lorsqu'il s'agit de caractéristiques de populations, donc d'humains,
comme de leur évolution, voire de leur « intelligence de groupe » et de leur
créativité individuelle et collective, autrement dit de civilisations, les jugements de
valeur et la politique, donc les dogmes et. idéologies, ne tardent pas à s'imposer.
car, force est de reconnaître que si les civilisations ne sont pas à hiérarchiser elles
ne sont pas toutes interchangeables, ni égales, ni acceptables indistinctement par
tous les humains. le dire ou même le suggérer serait-il blasphématoire ?

Pourtant le vivre ensemble et le déveppement durable imposent de se poser la
question de la compatibilité des civilisations entre elles, donc des humains avec
leurs caractéristiques intrisèques.

Il faut être aveugle et décérébré pour ne pas voir que le choc des civilisations est
en cours.

Apocalypse !

L'Amérique, malgré son éloignement du Moyen-Orient n'est pas épargnée. Le 11 septembre 2001, les tours jumelles du World Trade Center s'effondraient sous les attaques perpétrées par Al-Qaïda

Bombardement de Raqqa (en Syrie) capitale symbolique de Daesh (état islamique par la coalition occidentale.

La réponse d'Hafsa Askar de l'UNEF (Union nationale des étudiants de France) gauchiste française ! : *« on devrait gazer tous les Blancs, cette sous-race »* !

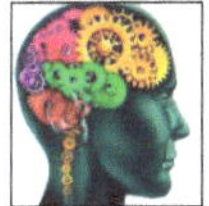

Le patrimoine de l'humanité est sans valeur, pour les purs et durs de l'Islam. Ces statues de Bouddhas représentaient le paganisme, et devaient être détruites !!! Les talibans les ont dynamitées, malgré les suppliques de la communauté internationale (de civilisation occidentale) !!!

Le choc des civilisations ! Réalité ou utopie ?

Est il possible d'éveiller les consciences ?

Sainte Sophie à Istambul (ex-Constantinople)

Le choc des civilisations n'est pas une vue de l'esprit mais une réalité historique… et actuelle.

L'empire chrétien d'Orient (Constantinople) qui s'étendait sur tout le Moyen-Orient a cédé la place à l'empire ottoman musulman.

L'église Sainte Sophie, le plus grand édifice religieux de la chrétienté a cédé la place à une mosquée, puis à un musée.

Actuellement un empire à fondement religieux est à l'œuvre. C'est l'empire d'Allah (califat) qui comprend 2 milliards d'humains et concerne 57 pays.

« *L'exécution de l'apostat est une obligation pour tout musulman, tant que l'État n'accomplit ce devoir* ».
 Déclaration d'un Haut dignitaire religieux de la mosquée dAl Azhar, au Caire, pour la défense du meurtrier de l'intellectuel égyptien Farag Fouda, assassiné en 1992. In, Wassyla Tamzali, Une femme en colère, Gallimard, 2009.

147

70

Ainsi *« Les civilisations sont mortelles »*

Paul Valéry

Après l'égyptienne, la perse, la grecque, la romaine, la maya…
est-ce au tour de notre civilisation de disparaître ?

MAIS en fait, la mort d'une civilisation c'est son remplacement par une autre

Généralement par celle dont la démographie ou la puissance militaire et la férocité est dominante

C'est le choc des civilisations.
Une réalité historique et actuelle

Pas de développement durable dans un monde troublé sinon en guerre. **Or nous sommes en guerre** et se sont les présidents de la République qui le disent !

145

7 - Des élites traitres à leur peuple et à leur civilisation. Les « collabos »

Deux déclarations chocs :

- déclarations de Manuel Valls, Premier ministre, le 22 juin 2015 à osny : *« Il faut aider l'islam à grandir et à se solidifier. »*
http://www.lalsace.fr/actualite/2015/06/23/valls-   il-faut-aider-l-islam-a-grandir-et-a-se-solidifier.

- Déclaration de Jacques Attali, conseiller de présidents : *« les mgrantts von faire de l'Erope la première pissance mondiale »*.

Dans un déni total des réalités.

Sur la **compromission** des élus et les « collabos », la parole à Malek Boutih, député socialiste, ancien président de SOS- racisme: « ... *les élus locaux corrompus ont pactisé avec les voyous, les salafistes et les communautés pour avoir la paix.* » « *Je serai désormais sans concession avec les élus corrompus qui passent des deals avec les voyous et les communautés par électoralisme. il faut qu'on fasse le ménage dans nos rangs. nous ne pouvons plus laisser prospérer les supermarchés de la drogue dans nos cités dont on voit qu'ils entretiennent des filières où gangsters et islamo-nazis se donnent la main.* »

Évolution, progression, croissance, changement sociétal... ne sont pas des mots vides de sens, y compris de sens mathématique indiscutable. Mais, leur sens réel semble étranger à la plupart de nos « responsables » politiques, en fait, le plus souvent des irresponsables-coupables.

Coupables, parce que des auteurs divers lanceurs d'alerte, n'ont cessé et continuent d'alerter sur l'évolution négative de la société (Éric Zemmour parmi tant d'autres: Michèle tribalat, Thilo Sarrazin, Samuel Huttington, Malika Sorel-Sutter, Malek Boutih, Jeannette Bougrab, Peter Hammond, René Marchand, Christine Tasin, Boualem Sansal, Ivan Rioufol, Hugues Lagrange, Alexandre Del Valle, Onyo, Jean-claude Barraud, Natacha Polony, Alain Finkielkraut, Rachid Kaci, Ayaan Hirsi Ali, Elena Tchoudinova, André Gérin, Emmanuel Brenner, Renaud Camus, Jean Raspail, Martine Goslan...). ils ont averti sur la fin programmée de notre civilisation, mais nos dirigeants ne doivent pas lire (s'ils n'ont pas lu avant d'être au pouvoir, ils n'en ont plus le temps, occupés qu'ils sont à rester au pouvoir et à écrire des livres à leur propre gloire). cependant, d'après leurs comportements, ils ont peut-être quand même lu, dans le *reader digest*, un extrait du « Prince » de Machiavel, ou de « 1984 » de George Orwell sur « la novlangue », la dissimulation et le mensonge...

Conclusion

Alternative :
« douce France »
(et développement durable)
ou suicide et soumission

Alternative :
Le sursaut démocratique
populaire
ou le chaos

Il en va de la survie de notre société et de notre civilisation et bien sûr du développement durable
Et il faut sonner le tocsin !

Même l'hebdomadaire Marianne, peu suspect de sympathies avec l'extrême droite (formule consacrée), souligne la cécité des élites françaises.

Conclusion de la conclusion : Le développement durable (DD) est une approche complexe de l'organisation sociétale. Il ne peut y avoir de DD fondé sur le mensonge et l'idéologie. La distorsion entre les réalités et les mythes politiciens sont les obstacles durables à la réalisation de cet objectif.

World in 2050
Sweden
Norway
India
France
United Kingdom
Germany
United States
Canada/Australia
Islam

!

Table des matières